转型年代

我经历的改革之路

王道成　著

人民东方出版传媒
東方出版社

图书在版编目(CIP)数据

转型年代:我经历的改革之路/王道成 著.—北京:东方出版社,2020.12

ISBN 978-7-5207-1442-6

Ⅰ.①转… Ⅱ.①王… Ⅲ.①王道成-自传 Ⅳ.①K827=7

中国版本图书馆 CIP 数据核字(2020)第 013977 号

转型年代:我经历的改革之路

ZHUANXING NIANDAI:WO JINGLI DE GAIGE ZHI LU

作　　者:王道成
责任编辑:陈寒节
出　　版:东方出版社
发　　行:人民东方出版传媒有限公司
地　　址:北京市朝阳区西坝河北里 51 号
邮　　编:100028
印　　刷:北京中兴印刷有限公司
版　　次:2020 年 12 月第 1 版
印　　次:2020 年 12 月第 1 次印刷
开　　本:710 毫米×1000 毫米　1/16
印　　张:13
字　　数:165 千字
书　　号:ISBN 978-7-5207-1442-6
定　　价:50.00 元
发行电话:(010)85924663　85924644　85924641

目　录

序

有历史学家说，人人都是他自己的历史学家。这话值得玩味。个人自传、回忆录或口述历史，不仅可作为历史证词，补充档案史料文献的不足，增加历史纹路和细节质感；还可展开历史的公共面向和个人维度，让历史包含心理及人性信息，在公共历史与个人立场之间，呈现更加深厚繁茂的人文与社会科学蕴涵。只不过，这一理想虽好，实现却大不易。在传统中国，树碑立传向为皇家史馆特权，一切历史荣耀都要由帝王恩赐。年深月久，滋育出种种奇特文化心理：有人认为，个人故事不是历史，不值得一说；有人谨小慎微，担心祸从口出；有人一生例行公事，重复雷同，只有枯燥概念；有人因饱食终日，无所用心，没有故事可言；更有人记忆模糊，或习惯性健忘，或习得性健忘。个人记忆，遂成无法回顾更无法讲述的糊涂账；公共历史，亦因此月迷津渡，雾失楼台。

王道成先生的《转型年代：我经历的改革之路》，尝试个人历史书写，因为稀有，所以弥足珍贵。作者历任安徽省岳西县委书记、安庆市副市长、安徽省国土厅副厅巡视员，曾披荆斩棘风光无限，也曾灰头土脸独自疗伤。在退休十几年后，回首生平，书写往事，说明他自信：人生中有精彩故事，对故事有清晰记忆，能把记忆撰写成故事文本。而要公开出版自己的故事，不仅需要精神活力，更要有道德勇气。将自己的往事公开，意味着让自己的人生袒露在阳光下、公众前，接受广大读者的审视和评判。这份道德勇气，源于作者的个性，能独立思考，勇于践行，敢为天下先；其个性源自大我理想，关心国计民生，关注改革大业。

中国改革开放，是经济改制也是政治变革，是社会变迁也是文明转型，无疑是中国历史暨人类历史的重大事件。这一历史进程中的每一曲折与跌宕、每一空间及瞬间，都值得记忆和书写。尤其是改革开放初期，一面是春雷炸响，热情澎湃，惊涛裂岸；一面是乍暖还寒，心有余悸，大浪淘沙。大国家中小区域，大传统下小习惯，大气象下小气候，大趋势下小算盘，全国各地的改革开放格局复杂、进程参差，同一改革主题，必然有诸多不同版本。浩瀚江河不弃溪流，不同版本的故事，都值得聆听。

作为转型年代的参与者和见证人，道成先生的故事，记录个体人生峥嵘岁月，表现改革开放时代的壮阔波澜，意义不言而喻。当然，其文献性强于文学性，历史价值大于审美价值。2012 年，作者应邀到国家林业局做专题演讲，本书以此作为序幕，固是彰显人生高光时刻，却也是草蛇灰线，伏流千里，是布局谋篇之需。1984年，作者在岳西县委书记任上，哀民生之多艰，没有太息以掩涕，毅然筚路蓝缕，发起林业改革，是对当年“允许改革犯错，但不允许不改革”国策的积极回应，也是基于亲民、爱民、为民的从政理念：亲民者为民所亲，爱民者为民所爱，为民者为民所念。体恤民情，向上级争取支持，在任成绩斐然，本该功德圆满，不料风云聚散，结局出人意料。当事人积郁成心病，27年后，得相关方面定评，才得痊愈。

个人写史，说什么，如何说，都出自个人选择，其中政策思考、道德品评和历史经验，都会有鲜明的个人印记。主人公自信自誉，自我回护，那是人之常情。即使三观正确，恐也难免有个人立场局限和情感偏见。转型年代，改革与保守阵线分明，立场之分，利益之争，是非对错不易简论。书中臧否褒贬，表现作者真性情，也出自真体验。认知评断是否真确？不妨智者见智，仁者见仁。本书是官人说官事，却非官样文章。官场人生传奇，胜于无稽虚构。书中闲笔，也让人心动，如作者少年时，假期回乡劳动，歇息时仰卧田埂，遥望天空，触发翩翩浮想；作者面临辍学危机，二哥没多话，卖五担菜籽换学费，令人感慨唏嘘。

道成先生命我作序。他是我同乡前辈，且是我同系学长，长者之命，岂敢不从？虽诚惶诚恐，也只能不揣鄙陋。读其文而识其人，其人坦荡而率真，赤子衷肠滋养书生意气，勇士肝胆源自儒家情怀，宦海浮沉竟不改初心，特立独行而俯仰无愧。如此人生及其历史书写，当然值得推介。

我这些话是否也有个人情感偏好？

恳请读者明鉴。

陈墨[*]谨识

2018年5月

* 陈墨，1960年生于安徽省望江县，1982年本科毕业于安徽大学中文系，1988年硕士毕业于中国社会科学院研究生院文学系。现为中国电影资料馆研究员。任中国电影评论学会理事，中国台港电影研究会副会长，中国武侠文学学会副会长。出版中国电影史研究、口述历史研究以及金庸研究等四十余部著作。

引 子

料峭春寒终退去，暖风轻拂百花开。

2012年3月20日，在去北京的客机上，我心潮澎湃。这次赴京，是应邀到国家林业局做林业改革专题报告。能受邀到我国林业最高管理部门做报告，我看作是对我27年前开展的那场轰动整个林业系统的改革的认可。当年那场改革曾备受争议，林业改革的推行还遭到了当地林业管理部门的多方阻挠。从机窗眺望天际变幻莫测的云彩和时隐时现的骄阳，我百感交集。转型年代的中国日新月异，改革开放给中国社会带来了巨大的变化，但改革开放的过程并不一帆风顺，许多改革的先行者为改革开放事业殚精竭虑、呕心沥血，付出了沉重的代价，我也有幸见证了这一切并参与其中。现在，虽然我从安徽省国土资源厅副厅位置上退休已整整十年，参加外界活动少了，但关心国是、关注改革以及由此引起的思索，一天也没有停止过！

3月21日上午，报告会在轻松、愉快的气氛中进行，我以《林业改革的路并不平坦》为题，对27年前我在安徽岳西开展的那场林业改革进行了阐述、分析和总结。那场改革的主要内容是“分山分林到户”和“有管控地开放林木市场”。现在来看：这场改革顺民心、合民意，是历史的必然；是保障林农根本利益、维护弱势群体基本权益的根本措施。我也对改革中的曲折经历和遭受的非议做了一些回顾。重提它，不是消极抱怨过去的伤痛，而是因为它是转型年代的真实印记，借此告诉人们，今天的改革成果来之不易，须格外珍惜。

我做完报告后，国家林业局林改领导小组副组长黄建兴、林改司司长张蕾对岳西林业改革给予充分肯定，称我是“中国林业改革的领军人物”。林业局领导对我个人的赞誉，我实不敢当，但如果是对我主导的那场林业改革的肯定和赞赏，我欣然接受。

报告会结束后，我离开北京，在飞往合肥的客机上，窗外晴空万里，明媚的春光已展现在我的眼前，但我的心情久久不能平静，人生的历程一幕幕在我脑海中闪现。

第一章

卷入那场大是大非的争论

一

深秋时节，天高气爽。

1980 年 10 月中旬的一天，我随安庆地委副书记刘思魁下乡考察。我坐在小车副驾驶位置上，被和煦的阳光照得昏昏欲睡，但秘书的身份使我不敢有丝毫懈怠。于是，我打起精神，侧身与后座的刘副书记及随行的地委纪检委张汝权书记聊聊时下的新闻。

党的十一届三中全会开辟了社会转型的新时代，新事物层出不穷。那时，农业生产责任制，直白的说法“包产到户”，是一个万众瞩目的敏感话题。报纸上、社会上、官场上各有各的说法。干部、群众聚在一起，对“包产到户”看法不一，免不了争论，有的争得面红耳赤，甚至拍桌子、摔板凳；更有甚者，在家庭餐桌上争论的时候把一桌饭菜掀翻在地。

此时，安徽省委农村工作会议在合肥召开，通知地市县一把手参加，安庆地委第一书记陈爱曦到中央党校学习去了，由第二书记康兆郁参加，刘思魁副书记主持工作。刘副书记想到农业责任制是省里会议一项绕不开的议题，便决定到偷偷摸摸搞“包产到户”的东至县青山公社看看，好为地区贯彻省里会议精神做准备。

领导要出差去两个县。作为秘书，我自然要忙活一阵子，通知小车检修，收拾行囊，还要给有关方面打电话、安排住宿、告知行程、提出考察要求。午饭后，我们没有休息，就匆匆上路。

当年天气反常。春夏之交多雨，入秋又干旱，先涝后旱，农民日夜操劳，各级领导的日子也不好过。进入东至县界，放眼望去，丘陵岗地的禾苗大部分枯萎，田畈的双季晚稻参差不齐，有的青，有的黄。

骄阳似火。看着在田里抽水抗旱的农民们，刘副书记频频下车，同他们打招呼，询问道："辛苦了！怎么样哦，可有尚好的田块？"

"那边干枯得彻底，水抽不过去。"正在埋头苦干的一个中年人指着远处的农田回答道。

刘副书记顺着方向走进了无水可抽的农田，蹲下来，看着地上比大拇指还粗的干裂的口子，心急如焚，喃喃自语："像这样的田块，颗粒无收！"

两个小时后，我们来到青山公社，公社李书记及县里同志早已在此等候。

刘副书记对前来迎候的同志说："我这次来，主要是实地察看，你们带路，好的、不好的都看。"我们一边走，一边交谈。

这里，快成熟的双季晚稻沉甸甸的，勾着头在风中摇晃，一副悠然自得甚至洋洋得意的神态。放眼望去，一片金黄。我们仿佛进入了另外一个世界。

"老李呀，你看亩产能达到多少呀？"刘副书记心里有谱，还是要问个清楚明白。李书记答："我找老农几次估产，差的七八百，好的'吨字粮'，全公社均产一千几吧！"

太阳快落山了，倦鸟归林。

刘副书记站在高坡上，对陪同的人群说："你们青山抗旱保苗很有成效，丰收在望，要好好总结一下。"说完后，他回过头来，对站在身后的李书记说："老李呀，干得不错！不过，我要提醒一下，要加强对农民的教育，路要走正，不能走偏哦！"李书记脸上闪过一丝疑惑，似懂非懂地点点头。

我们准备回县城。临分手时，刘副书记与陪同的一二十位同志一一握手告别，轮到李书记时，刘副书记把身子一扭，不握了。李书记只得把手缩回去，在众目睽睽下落个没趣。此时，我的心里咯噔一下，对刘副书记的这个举动很不理解，“你不是刚刚肯定过他干得不错吗？怎么现在手都不愿跟人家握了？”平时，刘副书记在我心目中的形象还算高大，此时一下子矮了半截。

我们回到县城，住进新建的县委第二招待所。我跟县里同志打招呼：“大家都很累了，晚上不要安排什么活动，明天上午听汇报。”

第二天早饭后，在省里参加会议的东至县委书记张伏生听说刘副书记来县里考察，就连夜赶了回来，张书记与刘副书记见面后，一阵寒暄，并就省里会议交流几句，汇报会就开始了。

徐县长汇报全县基本情况，列举大量匡算的数据，说今年是大灾之年、饥荒之年，请地区予以支持和照顾。

接着，张伏生重点对全县政治、经济形势进行了分析，最后说：“今年减产已成定局，像青山那样大面积丰收的，在全县社队中所占比例不到百分之十五。青山之所以大丰收，得益于包产到户！这次贯彻省里会议，我准备把包产到户作为重点来推……”张伏生正说到有劲处，刘思魁突然把他的话打断：“我从报纸上看到省里会议的报道，说包产到户‘到此为止’！我的理解是，已搞的不变，没有搞的就不要再搞，是这样吧？”他底气十足。

“省里会议上是有分歧，有一种意见是堵，但堵是堵不住的。经过讨论、争论，最后得出的结论是，尊重农民的意愿！我是赞成放开……”张书记声音洪亮，振振有词。

刘思魁急不可耐，再次打断他的话：“青山的庄稼我都看了，确实丰收在望。我认为原因是多方面的，不能都归功于责任制……”接着，他又把在青山说的“要加强对农民的教育，路要走正，不能走偏”的话搬到这里重复了一遍。

我注意到张伏生的脸色，红一阵白一阵，嘴唇在微微颤动，一场争论有可能爆发。

空气顿时紧张起来。

他忽地站了起来说：“我觉得，现在当领导的还在讲官话，还在愚弄老百姓！既然看到青山大增产，别的地方大减产，为什么不追根溯源找出根本原因在哪？……”我看张伏生激动得手在颤抖，连忙倒一杯开水送到他的面前，硬是将他按下坐在座位上。他继续说：“同样一个天，同样一个地，同样一个党领导，为什么收成差别那么大呢？原因可能是多方面的，但根本原因是包产到户，为什么不承认呢?!”

我看到刘思魁红着脖子从座位上站了起来，这预示着一场激烈争斗将要发生。我急得团团转，大声叫起来：“会议不能再开了。刘书记，贵池县委书记、县长在路口等了一个多小时，我们赶快动身吧?”随行的纪委张书记连连为我帮腔，徐县长不停地打圆场，总算让大家平静了下来。

刘思魁毕竟是经验丰富的老领导，他努力控制和镇定着自己的情绪。过了一会儿，他显得心平气和多了，说：“老张啊，现在形势很微妙，我是好心提醒你，办事以谨慎为好!”张伏生也平静了，随即答道：“好哇，好哇!”汇报会就这样结束了。

下楼梯时，刘思魁走在前面，我和张伏生并肩走在第二排，其他同志跟在后面。趁刘思魁低头下楼梯时，我迅速将右手大拇指在张伏生面前重重地一伸。这个无言的举动使张伏生愣了一下。我也不知是从哪里来的这么大的勇气，竟敢跟顶头上司的立场相左。

我们的小车在去贵池的公路上疾驰，车内一片寂静，只听到车胎摩擦路面的沙沙声和窗外农民车水的吱吱声。

“现在的宣传有片面性，对责任制只讲好的一面，不讲问题，任其发展，将来怎么收场?”张汝权开口了，打破了凝固的空气。他是南下的老同志，平时说话谨慎，轻言细语，今日此言一出，让人震惊。

我这个人有点不识相，忘记顶头上司在旁，竟情不自禁地接腔：“这要做具体分析，集体搞得好的，巩固；集体搞不好、群众温饱不能解决的，我赞成——分!”话一出口，看到旁边的刘思魁，我突然意识到恐怕要惹火烧身了。果然，刘思魁怒不可遏，对我吼道：“道成，我当过大队书记、公社书记、县委书记，对农村最有发言权，我比你懂得多!”他的话犹如一声闷雷，在我头顶炸响。

“刘书记，你官当大了，下面真情人们不敢向你汇报，群众真正的声音你听不到。我家住在农村，农民的家长里短我听得明白、看得真切。在这一点上，我比你懂得多!”我不知从哪来的胆量，公开与直接领导顶嘴。此时，我脑子一片空白，他们后来说了些什么，我一句也没听清。纪委张书记好像说了许多劝和的话。

我是个老实人，心直口快，学不会弯弯绕，就是遇事喜欢琢磨、较真。

在上中学时，每年暑假回家跟大家一起插田、拔草，对生产队长吹哨子上工、队员集体“磨洋工”的状况，我深有感触。从早干到晚，在累得不行时，我曾横卧田头，仰望星空，发出“何处是尽头”的感慨！

参加工作后，也就是20世纪70年代前期，我在公社书记任上，正赶上全国“农业学大寨”。我给公社干部每人发一本记分簿，考核“与群众同劳动”的次数，甚至提出过一些过激的口号，“早起五点半，晚上黑了算，工地两顿饭，学习加批判”（当时正在开展“批林批孔”运动）。虽然我使出浑身解数，但年复一年，山河依旧。我对现行的体制、机制产生疑惑。

1978年上半年，我被调到安庆地委机关，安排在调研秘书科。熟悉一段情况后，地委领导派我到离市郊不远的怀宁县总铺公社搞“联产到组”试点。我选点东风、向阳、砂桥三个大队，天天与群众和基层干部泡在一起，讨论用什么方式才能把生产搞上去。大家对“联产到组”众说纷纭，认识不一，有的主张干脆联产到户，这使我手足无措，着实为难。

我知道在“三年困难时期”，各地为渡过难关，想了不少办法，有的搞起了“包产到户”，习惯叫“责任田”。安徽省积极响应，一下子“包产到户”的社队达80%。农民交口称赞：“七级工，八级工，不胜社员一沟葱；骑着车，戴着表，没有社员吃得饱。”由于那时全国还实行人民公社“一大二公”体制，包产到户免不了引起广泛争论。作为支持包产到户的主将，中央农村工作部部长邓子恢遭到毛泽东主席的严厉批评。接着，全国上下对包产到户进行猛烈批判，广大干部群众对包产到户的这一积极探索被迫终止，一大批支持包产到户的干部为此断送了政治前途。十几年过去了，广大干部一讲到包产到户，还心有余悸。

我来总铺公社搞试点前，地委领导一再向我交代："可多听基层意见，多想办法，但决不能走偏方向!"这让我这个具体办事的人进退两难。蹲点一两个月，没取得什么成果。

此时是1978年12月，我从广播里得知，党的十一届三中全会在北京召开。这次会议确定了"解放思想，实事求是"的思想路线，它就像一股春风，顿时吹散了愚昧迷信的风气，我也豁然开朗，感觉一下子增添了无穷力量。就在我喜不自禁的时候，一个偶然机会，又接触了《李光耀回忆录》。新加坡总理李光耀年轻时就胸怀远大抱负，对世界上各种主义、各种流派进行探讨、研究。他对社会主义、共产主义很感兴趣，认为它符合孔夫子的"大同思想"，是进步的，但同时他又认为，当时实行的社会主义制度存在弊端，就是扼杀个体潜能，抑制个人积极性、创造性。他有一段精彩描述，类似我们民间顺口溜"干与不干一个样，干多干少一个样，干好干坏一个样"，说"这是致命的"。这一论点，一下子将我点醒，为我多年的思考与困惑找到了答案。

从此以后，我特别看重个体的潜能和积极性以及家庭在农业生产中的神奇力量。在"包产到户""是阳光道，还是独木桥?"的大是大非的争论中，我都旗帜鲜明地支持包产到户。

1980年5月，我被安排担任地委领导的秘书，职责所限，我最大限度地克制自己，尽量尽好自己的职责，服务好领导，避免表达自己的不同立场和突出思想。刘副书记对我的服务工作很认可，但是感觉到我在政治上、思想上不能与他“保持一致”。在去贵池的路上发生言语冲突，是因为思想观念不一致所致。

不知不觉中，我们的小车进入了贵池地段，贵池县委书记、县长在路口迎候，安排我们住进了宾馆。我向县里同志交代这次地区领导要考察的内容、重点和时间安排。大家有说有笑，插科打诨，刘副书记还讲了一些幽默笑话，惹得同志们笑得前俯后仰，气氛无比轻松，好像此前什么事也没发生过一样。

贵池县的工作情况，总体很平稳，没有什么纠结事，刘思魁显得比较轻松，只到几个有代表性的社队看看抗旱情况，交待了一些注意事项，就回机关了。

二

这次随领导出差对我影响很大。回机关后，考察途中发生争论的情景，时常在我脑海中闪现，我的思想和心绪一直不能平复下来。同时，也引起我对自己人生未来走向的深深思考。我很矛盾，虽然在地委机关工作，做领导秘书，是很多人的向往，跟在领导后面，确实能学到很多东西，如工作经验、领导经验等，也能提升自己的思想水平。但是，我的个性鲜明，就是喜欢琢磨问题，不愿人云亦云，更不想委曲求全，虚与委蛇，且秉性难改，这种个性就难免会与领导发生冲突。在“包产到户”这一敏感问题上，已经与领导发生了冲突，如果继续工作，不仅不利于工作的开展，也让人尴尬不已。

“怎么办呢?”夜深人静时，我毫无睡意，时而在客厅里踱来踱去，时而站在窗前，望着窗外辽远的苍穹凝思。

经过几天的思想斗争和慎重考虑，我决定主动递交请辞报告，辞去秘书职务。我认为这是当下最好的选择，也是明智之举。

我来到地委办公室赵副秘书长的房前，看着手中的请辞报告，再三思考后敲响了门。

“请进!”是赵副秘书长的声音。

走进办公室后问了声好，我就直接将报告放在他的桌上，还没来得及说明，便听到了询问：“这是什么情况?”他看见“请辞”两个字，便抬头问我，皱着眉头。

“做秘书这段时间学到东西不少，但总感觉自己不适合这个职位，请求地办对我重新安排。”我没有多说，但我想领导应该了解我。

赵副秘书长拿着我的报告看了看，让我先回去等消息。等的那几天，日子很难熬，我忐忑不安，如坐针毡，揣测着种种结果。

地办领导商量后尊重我的意见，将我安排在地办下属的调研室任副主任，此前我已是秘书调研科副科长，保持原来的副处级别，我的心一下子放松下来。

与自己的直接上级发生冲突，不是件小事。当时人们为我捏了一把汗，有的说我要倒霉了；有的预测我会从此一蹶不振。我呢，一度确实有些苦恼，但觉得自己问心无愧，很快就调整好心态，振作起精神，一如既往地投入新的工作。与刘副书记分开后，我还几次到他家去看望，保持正常的交往。

三

到新单位上班不久，一项新的任务又来了。

一天，我接到地委第一书记陈爱曦从中央党校打来的长途电话，安排我去太湖县开展一项专门调查。他说他接到军分区郎司令员的一封信，司令员在太湖县山区检查民兵工作时，发现部分社队老百姓生活贫困，有的连一毛钱左右一斤的食盐都吃不上，叮嘱地委要高度重视，避免弄出什么事来。陈书记在电话中要求我快速把情况搞清楚，研究对策，并报告省委。他语重心长地对我说："我出差在外，不能亲自去，委托你代我去。可以选一个大队作点，挨家挨户地看，把情况搞实。"我坚定地回答："不会辜负领导的嘱托！"

地办赵副秘书长也接到陈书记电话，说到调查的事。赵副秘书长把我找去，强调此次调查非同小可，一定要搞好。

接受任务后，我和程世和老科长两人组成调查组，匆匆上路。征得县里同意，我们选择最贫困的九田公社赵冲大队和桐山公社五星大队的石榴尖生产队进行调研，重点对赵冲大队"解剖麻雀"。

太湖县，地处大别山余脉，崇山峻岭，自然条件差，加上不合时宜的生产体制，群众十分贫困。赵冲的贫困状况更具典型性，一个有492个人的大队，处在两山之间的狭长地带，老百姓赖以生存的田地，是"巴掌地""斗笠丘"，光照短，冷浸重，低产歉收。村落分散，老旧土砖房，年久失修。进村后，大队书记向我们详细介绍基本情况、典型例子，带我们走村串户。

听说我们是地委派来的，乡亲们一个个热情赶来，满怀期待地领我们进屋察看。我越看越看不下去，越看心情越沉重。这里，成人文盲多，小孩辍学多，男人寡汉多，近亲结婚多，痴呆病人多，无劳动力户多。尤其是三个最困难的生产队没有一家有件像样的衣服，没有一家不缺油少盐，没有一家不欠债短款。

老屋队赵焰山家，吃多劳少，超支1570元。群众调侃他“用的军用品，吃的商品粮（指救济粮）”。家中七个人吃饭，只有四个饭碗，三个人用竹筒，连饭碗都置不起。贫困状况，看了让人震惊，叫人心寒！

调查结束后，我们一连几天关门起草调查报告，分基本情况、贫困状况、原因剖析和政策建议四部分，取名《赵冲调查》，确定初稿由我执笔。

在起草过程中，我俩对将问题反映到什么程度、原因剖析到哪个层面、根源挖掘到怎样的深度，以及措辞的轻重，都意见不一。但当地群众缺吃少穿的状况和他们热切期盼的眼神，不停地重重地考问着我的灵魂，促使我不计个人得失，只要有利于引起上级的重视、有利于问题的解决，就算个人前途受到影响也在所不辞！

《赵冲调查》打印后，首先送给地委领导，再寄一份给在中央党校学习的陈爱曦。一连两天，地委领导没有一点声音，不说好，也不说坏，我心里一直在纳闷，它莫非成了烫手山芋？后来才知道，对上报不上报，领导之间意见不一，但最终还是上报省委了。

怎么也不会想到，一份不起眼的材料，上交不到一个月，竟引起轩然大波。我本人也被卷入争论的旋涡之中。

首先是“抹黑论”。太湖县直机关会议上，有一名干部对材料起草者发难，说我是“给社会主义脸上抹黑”，要找地委告状。我不在现场，是县委雷书记打电话告诉我的。雷书记说：“我狠狠批评了他，叫他自己下去看看，不要坐在机关空发议论。”我对雷书记的态度表示感激。

其次是“右派言论”。省里召开扶贫工作会议，行署领导将《赵冲调查》带到会上，不料主持会议的省农委主任对材料很反感，说这是“右派言论”，叫行署领导回去查查写材料的人是什么身份，是站在什么立场写的这份材料。

调查报告到了省委，几天后内部传出风声，说省委领导层有两种意见针锋相对，相持不下。

当时的大背景是，农业责任制在我省还处在风风雨雨中，有两个不一样的情况：一是滁县地区，因小岗村农民带头冲破旧体制束缚，搞“大包干”，得到开明领导的支持，整个地区环境较宽松，责任制搞得风生水起；二是安庆地区，地委、行署领导以稳健著称，对包产到户限制较多，农民处于观望之中。

省委第二书记顾卓新在《赵冲调查》上是这样批示的：“看了太湖山区的调查，心情很沉痛。解放三十一年了，还有这样穷困的角落。材料中提出‘政策放宽、放宽、再放宽’，非常正确！可是，我们党内有些同志至今还深有抵触。”省委副书记袁振对《赵冲调查》也很关注，专门召我到省委进行过一次长谈，鼓励我放下思想包袱，勇于克服前进道路上的艰难险阻。

接替上调中央的改革大将万里同志的省委第一书记张劲夫在调查报告上作出批示：“请安庆地委采取坚决措施，解决问题。希望今后能看到这类地区变好的材料。”顾卓新主张将调查报告转发全省，张劲夫则建议不转发。理由是，太湖县委、安庆地委专程来省汇报，请求不要转发。说省里还是尊重下面同志意见为好。

《赵冲调查》能够引起省委的重视，虽然我本人作为起草人也因此受到一些非议，但总算有惊无险。同我一起在机关工作的两位同志，还为此打起赌来，一个说我这次“倒霉倒定了”；另一个说，不就是讲了点真话嘛，犯不了什么大事。后来的事实证明，前者输了。我不但没有倒霉，反而因为这个报告在省直、地直机关引起争议，提高了知名度。

四

省委农村工作会议后，我们安庆地区在农业责任制上的被动状况有了改变。陈爱曦到中央党校接受短期培训，其中有机会听到传达的小平同志的这样一段话：“‘凤阳花鼓’中唱的那个凤阳县绝大多数生产队搞了大包干，也是一年翻身，改变面貌。有的同志担心，这样会不会影响集体经济。我看这种担心是不必要的。”

陈爱曦心里一下子有了谱，从北京回来还没到家就马上下农村。通知我带小车到合肥火车站接站，直接到枞阳县、桐城县调研。他找基层干部和农民谈话，一路走一路讲，叫大家不要有顾虑，甩开膀子干，回到地区连忙召开领导班子会，带头做检讨；刘思魁副书记也联系思想实际，自我反省，深刻检讨。领导思想和态度的转变，带来环境的宽松，过去地直机关对包产到户噤若寒蝉，现在公开讨论，有的还细数所见所闻包产到户带来的好处。

东至县基础较好，张伏生书记以青山公社为榜样，召开现场会，组织干部帮助农民建章立制，妥善处理国家、集体、个人三者关系，即所谓“交够国家的，留足集体的，其余都是自己的”。农民个个心中有数，浑身是劲，农村面貌日新。

像太湖县赵冲那样的一些困难社队，知道上级领导对他们“彻底放开”，分田到户，实行大包干，一改过去等待上级救济的被动局面。

春风化雨，万木争荣。我们安庆地区的农民也和其他较早实行包产到户的农民一样，打消了顾虑，放开手脚，一两年之内，以包产到户为主要形式的责任制在整个地区全面铺开。

责任制的大面积推行和普及，无形中消除了大家无谓的争吵和对立，生产积极性一下子都被调动起来，整个社会呈现出从未有过的和谐气氛。一批脚踏实地、勇于开拓的干部得到社会认可与尊敬，有的得到提拔、重用。

张伏生被提拔为地委副书记，先在徽州地区任职，不久调回安庆，分管农村及组织人事工作，成为我的领导。当时，我已是安庆地委农村政策研究室副主任，正县级职务。他常常带我下乡，一起探讨问题，商量政策的实施。在“公社体制改革”等临时性工作中，他担任领导小组组长，抽调我任办公室主任。

不久，我被调到岳西县任县委书记。我能出任岳西县委书记，不用说，是张伏生的鼎力推荐。刘思魁此时也已任行署专员，他不计前嫌，对我的调任投了赞成票。他的这一票很不一般。虽然当年他与我在思想和观念上多有分歧，甚至直接碰撞，但他不计恩怨，表现出一位老干部的高风亮节和坦荡胸怀，其风范让人敬佩，我从心底里感激他。

组织上对我委以重任，我诚惶诚恐，担心辜负组织的重托与人民的期望。我暗下决心，要克服困难，勇于担当，砥砺前行。

第二章

深山里刮起阵阵旋风

一

1984年春节一过，已来安庆工作一年多的地委书记冯建华送我去岳西县上任。冯书记对我说，岳西客观条件差，不光是在安庆地区，就是在全省也是最困难的。他要求我树立长期作战思想，采取非常措施，攻克脱贫致富难关。他的一番话，为我指明了工作重点和主攻方向。

岳西县，地处大别山腹地，鄂豫皖三省交界处。“岳西”，因山命名，“潜岳之西”，即潜山天柱峰之西。这里群山连绵，峰乱沟深。它是一个地地道道的山区，又是一个名副其实的革命老区，为中国革命做出过重大贡献。

我到任第三天，就接到省里通知，说省政协原副主席方启坤逝世，按照她本人遗愿，骨灰送回岳西老家安葬，由省有关领导护送前来。那天，我带领县里几大班子迎候，并在岳西烈士陵园举行骨灰安放仪式。

方启坤同志是中共安徽省委首任书记王步文的妻子。早年在安庆上学，参加学生联合会活动时，认识了王步文，两人在共同的革命追求中建立了感情，喜结良缘，以后一直跟随王步文东奔西走。王步文，是岳西人，1898年1月出生在岳西县资福村。1918年求学安庆，积极投身五四运动。1923年参加社会主义青年团，同年加入中国共产党。后来担任中共安徽省委宣传委员、代理省委书记、省委书记，是土地革命时期中共安徽党的主要领导之一。1931年5月，因叛徒出卖，在安庆北门外慷慨就义，时年33岁。革命先烈视死如归，其精神感天动地，在岳西人民心中留下永不磨灭的丰碑。

岳西，又是一个自然环境独特的深山区，早在20世纪50年代，安徽省委就选在这里建疗养院。当年没有空调，合肥夏天酷热难耐，听说时任省委书记曾希圣要求办公厅同志在全省范围内找一个夏天避暑办公的地方，并提出一个标准，就是“三伏天喝稀饭不出汗”。办公厅同志在全省找遍了，最后选定了岳西石关，建起了省委疗养院，离县城23公里，现在还在使用，其中一部分已经成为国家体委举重培训基地。

我今天踏上这块土地，备感担子沉、责任重，同时也意识到未来的路一定很艰辛。

上班第一天，县委副书记曹取才带我到县直机关各部门走一走。走进机关办公室，看到的情景让我吃惊：有的“一杯香茶一支烟，一张报纸看半天”；有的女同志悠闲自在，边打毛线，边聊天；还有几个人在办公室的角落打扑克打得正起劲，两个老干部在旁边指指点点。此时，山外万物复苏，生机盎然，这里还是一潭死水，人们抱着老黄历度光阴。我看在眼里，急在心里，因是第一次见面，就没说什么。这时，我心里暗想，一定要改变这种浑浑噩噩、不思进取的状态。

县委办公室同志为我的到来忙前忙后，准备在县委招待所为我租住一个大包间，吃“小灶”，被我拒绝了。

我选择在常委会议室楼上安家。一个大单间中间加隔断，前面办公，后面做卧室，贴上两幅字画，朴素大方，也很雅致。

吃饭在机关食堂，同干部、职工一起排队打饭。百十号人一起就餐，有说有笑，没有隔离感。食堂有两个窗口，一个打饭，一个打菜，每个人要排两次队。为方便起见，我和组织部副部长徐文中结对子，他给我打饭，我为他打菜，几年没散。

过了一段时间，县委办主任储志界对我坚持排队打饭不理解，来做我的工作，说：“我们早就请好厨师，备好‘小灶’。你时间宝贵，还是听我们安排吧。”我说：“老储呀，我不是做样子！你不了解我的意图，我是把排队打饭当作一种工作，当作一种调查研究。我在这儿得到的，往往是调查会、汇报会上得不到的，你知道吗？”

老储用将信将疑的目光望着我，我又进一步说：“老百姓在想什么，最迫切的要求是什么，县里最紧迫的问题是什么，是我当前最想了解的。寻找工作的切入点、改革的切入点，在这样的场合说不定还是一个好机会呢。”

我是这样想的，也是这样做的。果然不出所料，不久，有人就主动把改革的课题送上门来了。

二

一天，我刚从乡下回来，门口早有一位老大爷坐在那里，他打量我一番，终于壮着胆子问：“是新来的书记吗？”

“是呀，老大爷找我有事吗？”我答道。

老大爷就说道：“这个衙门好难进啊，我找了七八个领导告状就是告不成。听说你这个书记在大会上号召我们致富，不晓得是不是真的？我今天就是来找你告状的！”

老大爷说得很急，气不免呛了上来。同他一道来的人向他又使眼色又做手势，企图加以制止。我连忙安慰道：“让他说吧，没事。”

“我一百多斤天麻，让来榜区工商所没收了。当时只抢回四十来斤，还有百把斤卡在那里。我来就是告这个！”

“多少钱一斤？”我问他。

“卖给安庆制药厂 24 块钱一斤，本地医药站收购才 18 块钱一斤。价差有这……这……这么多，我当然要……要……要卖给安庆啰。”老大爷一想到一百斤天麻差价五六百元，更何况这次被没收的损失是两千多元，火气又上来了，说话有点上气不接下气。

我说：“你先回去吧，明天我给你回话。”

听了老大爷的诉说后，我很气愤，但转念一想：“不是说山区致富无门吗？现在看来还是有路的。天麻、茯苓等中药材，是岳西的特产，五六十年代，这里还是全国的茯苓基地，岳西的茯苓质地上乘，远销日本和东南亚。要是能把这些优势发挥出来，不就能打开一扇致富的大门了吗?!”

我立即给工商所、药材站打电话。药材站回话：“这是国家派购政策规定，统一收购！”放下话筒，我深深地吸了一口气，来岳西二十多天了，贫穷、落后，像一团乱麻死死地困扰着我。现在，似乎理出了一点头绪，从这件事中看到，山区不能致富原因是多方面的，但一些政策不合理是最主要的一条！突出的表现就是，把群众手脚捆得死死的，这也不能卖，那也不能买，坐等上级指令，越等越穷。

工商所同志知道我在查问，便在县工商局的过问下，同意把没收的东西退回。第二天，我让老大爷取走了被没收的天麻。他来向我表示感谢，我告诉他：“县里准备开个致富大会，到时你就拿自己的经历在会上说一说，好吗？”老大爷叫储友仁，天麻生产专业户，老实巴交的样子，没想到这一状告准了，还要在全县大会上扬名。

开会那天，来的不只是带头致富的农民代表，还有帮扶有功的政府部门。县里党政群各部门负责人来了，地委书记冯建华也赶来了。

老大爷首先发言，讲到他为天麻被没收告状的时候，冯书记——这位抗战时期的老干部，平时脾气很温和，这时却忍不住发火了，问坐在身边的一位县委负责人："有这回事吗？"

"有！"

"人家跑了七八趟为什么不理不睬？"

"政策规定，药材统一收购，不准外销！我们也是没有办法呀。"一位县委常委回答。

这时，我插话："束缚农民致富的一些陈旧规定该改啦，中央不是号召改革嘛！"

冯书记说："对呀，不改革，山区没有出路！"他把脸转向老大爷，说："储老呀，你要是告状告不准，就坐在县委食堂，他们吃饭你也吃饭。不给，你就抢。道成，你可要当心夺了你的饭碗哦！"

"冯书记，我就是要你这句话！"我大声地说道。

我心里清楚，冯书记是故意说给众人听的，在为我推进改革撑腰打气。

会后，县政府向地区行署和省政府打报告，请求取消下达给我县的药材派购任务，同时，召开药材及相关部门会议，撤销关卡，农民自己的药材一律放行。

接下来，在岳西县范围内，天麻可以自由上市了，岳西的拳头产品茯苓也可以上市。药材市场的开放，刺激了药农的积极性，提高了药农的收入，但违反了国家的“统购统销”政策。一大批调查人员从北京、省城和安庆地区赶来。

统购统销，是解放初期开始实行的。在计划经济时代，认为搞社会主义就只能搞计划经济。“计划收购”，简称“统购”；“计划供应”，简称“统销”。国家对关系国计民生的粮食，实行统购统销。而对生猪、鸡蛋、糖料、桑丝蚕茧、黄红麻、烤烟、水产品则实行“派购”，品种达132种之多。这些产品，农民不能自由买卖，价格由国家统一规定，发票证到人。统的结果如何呢？吃穿用的，全线短缺，有一年每人发布票一尺七寸，连做一条裤头的布都不够。物资匮乏，可见一斑。

改革开放五六年了，经济发生很大变化，市场也发生了很大变化，可是国家药材部门还抱着陈旧的规定不放。

调查人员理直气壮地责问道：“天麻、茯苓是国家管理的，有派购任务，你们一个县怎么能擅自开放市场？不管怎么搞，必须保证国家任务的完成！”

我据理力争：“现在正朝商品经济、市场经济转变，价值规律起作用。你低价收购，违背价值规律，叫我怎么保证国家任务的完成？”

来人说：“任务完不成，你地方党委有责任！”

我说：“我们是为人民服务的，我的首要任务是保证老百姓脱贫。你们不按价值规律办事，想借我们的手强制农民完成任务，办——不——到！”

双方打起口水仗，互不相让。

是否取消药材派购的政策引起了北京的关注，这场“官司”终于打到了北京，我派了几名得力干部去说明情况。没想到两个月后，上面来了文件，允许天麻、茯苓药材市场放开，一下子它们的价格大幅提升。这一年，岳西农民光从药材一项增加收入达几百万元。应该说，这是我到岳西后推进改革的第一个重大举措。

茶叶市场的开放，也得益于茶农的抗争。

我到任的第一年，全县茶叶丰收，但市场销售疲软，供销系统仓库积压，茶农手里的茶叶卖不出去，致使当年相当一部分夏茶没有采摘，白白老在山上，连春茶也有少量霉变。在这种困境下，头陀区四户人家偷偷把茶叶往外销售，与山东客户签订了18000元的销售合同，人家及时把茶叶款汇到了岳西的银行账户。可是，我们县供销社下属的土产公司，以全县任务未完成和茶叶应交土产部门经营为由，硬要银行把茶叶款退回。一面是穷，群众挣不到钱。一面是到手的钱不让拿，硬退回去；一面是农民愁着没销路，一面是供销部门将打开的销路堵死。像这样的搞法，山区脱贫还有什么希望？这样的政策规定，不否定还行吗？

于是，我紧紧抓住“茶叶退款”事件，大会讲，小会批，启发大家解放思想，勇于突破条条框框；同时，派工作组进驻供销社，帮助总结经验教训，纠正错误，把退出的款项追回来，交给那四户人家。此事在全县引起震动，茶农一片叫好。

茶叶是岳西的传统产品，从政策上突破，取消派购，放开市场，提高了茶叶的市场价格，让岳西县在脱贫致富的道路上迈出了一大步。

岳西县崇山峻岭，终年云雾缭绕，雨量充沛，这种独特的自然环境中所产的茶叶，质地鲜嫩，香气扑鼻。我们紧紧抓住这一特色，从安徽农学院茶叶系聘请教授来帮助创制名茶。经过专家和县农业部门技术骨干的不懈努力，终于研制出“岳西翠兰”。1985 年，国家农业部在南京组织品牌鉴定，“岳西翠兰”跻身中国名茶行列。

茶叶市场开放，一大批茶农涌入商品经济大潮，各显神通；加上创出名牌，如虎添翼。岳西的发展进步，茶叶产业领头，屡建奇功。

三

群众送上门的课题，我们抓住不放，成为了改革的突破口；而街谈巷议，包括在食堂里获得的信息也很珍贵，我们也从不放过，也许那正是改革的另一个课题。

一天，开完常委会，我到食堂就餐。同桌的两个干部在聊天，其中一位说，自己亲戚家买不起“猪非子”，被罚，与食品站长打了架，打得头破血流。这事一下子吸引了我的注意。我问：“什么叫‘买猪非子’？”

一个说：“就是交钱抵任务。每个农户都分有生猪派购任务，大户一年一头，小户半头。养不起猪、完不成任务的，就拿钱‘买猪非子’（即售猪发票）。”

我继续追问：“‘买猪非子’的钱交给谁？困难户交不交？”

另一个抢着回答：“钱交给食品站呗！除五保户外都要交，困难户也要交。”

听到我们这边的热烈讨论，全食堂的人都围拢过来，七嘴八舌地议论起来。有的说：“‘买猪非子’的钱交上去是养食品站的人呐，他们好手好脚要人家养，合理吗？”

有的说："困难户一边领救济，一边被逼着用救济款'买猪非子'，这是哪家的政策？"

还有的说："老百姓养的猪自己不能宰杀，非要交食品站不可，食品站吃差价，加重老百姓负担，这个不能改吗？"

有一次，我到前进乡最困难的王程村调查，第一次从村书记口中听到"买猪非子"，没听懂，碍于面子，就没有追问。这次食堂里大家热烈讨论，我才彻底弄明白了。这可是一个很大的问题哟！

我将这个问题带到县委常委会上讨论，并交给县政府深入研究，请大家下乡时留意这一问题，我自己带头调研。

一天，我到徐良乡，乡党委书记把厚厚的笔记本摊开，准备汇报。我说："基本情况不用说了，我来过，我笔记本上有。今天我是来专门了解生猪派购的事，你把乡里有关干部及食品站长找来，把附近村书记也找来。"

等大家到了，我用了四五个小时，把全乡全年生猪出栏头数、上交任务头数，以及完不成任务的户数、头数，还有交不起"猪非子"的户数、钱数，搞得一清二楚。最后，就如何能解决问题，请大家提提建议。

会议结束后，回到县里，我跟江启新县长交换意见，决定召开常委、县长联席会议，重点讨论生猪派购这个议题。会场气氛很热烈，大多数人认为，生猪派购任务对我们这样的贫困县来说是致命的，早就应该改。但也有部分同志提出，这个牵涉面太大，只一个县改，恐怕难以突破。

就在两种意见相持不下时，我发言道："中央不是号召改革吗？我的理解是，改革就是要革除那些束缚群众手脚、阻碍生产力发展、阻碍脱贫致富的条条框框。我们不要坐等上级下发一个现成的样板，办法就在群众之中。”

我的话起了作用，大家一致认为生猪派购要改。经讨论，会议决定成立一个专门班子，拟定改革方案，待准备就绪，向省、地委汇报。

1984 年 5 月，我和江启新带着包括取消生猪派购在内的多项改革方案向省委汇报。省委副书记王光宇主持有省直十八个部门参加的专门会议。会上，我斗胆“叫穷”，首先汇报贫困状况，再汇报打算和要求。我用大量数据和事例，把岳西的贫困状况汇报得全面具体，一下子打动了现场的所有人。会议作出决定，对岳西实行“十项特殊政策”，印发了会议纪要。

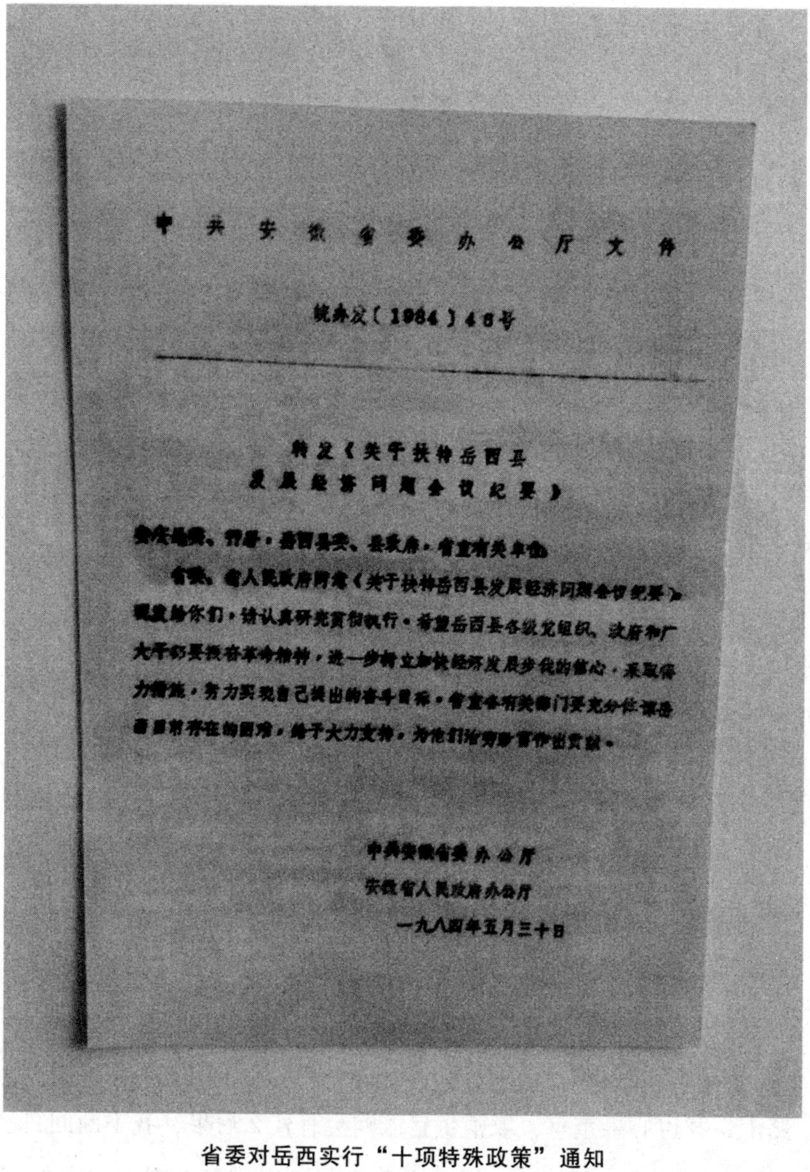

中共安徽省委办公厅文件

皖办发〔1984〕46号

转发《关于扶持岳西县发展经济问题会议纪要》

安庆地委、行署，岳西县委、县政府，省直有关单位：

省委、省人民政府同意《关于扶持岳西县发展经济问题会议纪要》，现发给你们，请认真研究贯彻执行。希望岳西县各级党组织、政府和广大干部要振奋革命精神，进一步树立加快经济发展步伐的信心，采取得力措施，努力实现自己提出的奋斗目标。省直各有关部门要充分体谅岳西县目前存在的困难，给予大力支持，为他们治穷致富作出贡献。

中共安徽省委办公厅

安徽省人民政府办公厅

一九八四年五月三十日

省委对岳西实行“十项特殊政策”通知

上图文字如下：

中共安徽省委办公厅文件

统办发（1984）48号

转发《关于扶持岳西县发展经济问题会议纪要》

安庆地委、行署，岳西县委、县政府，省直有关单位：

省委、省人民政府同意《关于扶持岳西县发展经济问题会议纪要》。现发给你们，请认真研究贯彻执行。希望岳西县各级党组织、政府和广大干部要振奋革命精神，进一步树立加快经济发展步伐的信心，采取得力措施，努力实现自己提出的奋斗目标。省直各有关部门要充分体谅岳西存在的困难，给予大力支持，为他们治穷致富做出贡献。

中共安徽省委办公厅

安徽省人民政府办公厅

一九八四年五月三十日

专题汇报一结束，我与江启新绕道到皖南山区东至县寻方问计。一路上，我也心事重重，取消生猪派购会有什么后果，我不断问自己。

到东至县后，我们恰好与到该县视察工作的省委副书记袁振不期而遇。

他刚住进东至二招，知道我也来到这里，叫我去聊聊。见面后，我把在省里汇报会上的情况向他做了汇报，他深有感触。当天夜里一两点钟，袁副书记的秘书把我从睡梦中喊醒，说袁副书记睡不着，要找我再聊聊。

山区的五月夜，阴冷、冰凉，我和江启新轻手轻脚地走进房间，看见袁副书记身披上衣，盘腿坐在床上，一只手撑着脸庞，正在沉思。发觉我们进了房间，他连忙起身。我们坐下后开始交谈，畅所欲言。他让我俩打破思想的框框，敢讲真话，找到管用的解决办法。一晃数小时过去了，听到黎明前的鸡叫声，天快亮了。此时袁副书记把手一挥，斩钉截铁地说："放开!"

这一表态，给了我们信心和力量。

我们与东至县领导交流情况、讨教办法后，迅速回县，召开会议。省、地委对我们县实行特殊政策，一经传达，大家欢天喜地，立刻贯彻实施。然而一到现实中，新的问题又来了。

取消生猪派购，意味着这一领域由计划走向市场，符合三中全会以后的大趋势，是好事。对县里来说，派购任务没了，负担减轻了，但是对于群众来说，他们能适应市场吗?

一听说要取消生猪派购，"买猪非子"将要成为历史，全县老百姓欢欣鼓舞。与此同时，我又听机关干部反映县城菜市场上买不到猪肉，而且情况越来越严重，大家议论纷纷。猪肉是中国人副食品中的主角，人们买不到肉吃，可不是小事情，我们马虎不得。

这时，有人说风凉话："王书记搞改革改得好吧?改得没肉吃了。"县委办主任老储是一位快要退休的老同志，极其支持取消派购，竟成了一些人的攻击对象。他们说："储主任，你紧跟书记搞改革，立了大功，现在就等提拔了吧?”老储一连几天躲在办公室，不敢出门。

我和江启新分头找商业局长、食品公司经理做工作，要他们派人下去按市场价收购生猪，说县里马上要开三干会，县城没有猪肉供应怎么行呢？想不到这次工作的效果不佳，食品公司经理反而口口声声要县里给财政补贴。一段时间，肉食市场没有起色，埋怨的人更多了，甚至出现了谩骂。

一天，天刚蒙蒙亮，我戴着帽子，围着围巾，到衙前河沿街的菜市场去暗访，从菜场这头走到那头，只看见一个猪肉摊子，一溜长长的队伍，估计不下七八十人，一个偌大的县城只有这么一个猪肉摊位，怎么得了?！此时，我真的有些心慌了，不知这种局面何时能结束？一连几天，吃不下睡不香，大家都说我瘦了不少。

几天后的一个晚上，了解熟悉当地情况的县物资局局长老倪来到我房间。他知道我为市场上买不到肉一筹莫展，所以特地来为我“释疑解惑”。他劝我把心放下，说要不了几天市场就会好转。他说：“最近一段时间买不到肉，有政策变动，群众观望、等待涨价的因素，这不是主要的，主要的是季节原因。现在是九月，山区只插一季中稻，正在收割，各家各户相互帮忙。岳西乡下有农忙杀肥猪共食共庆的习惯，哪有工夫上街卖肉？收割快结束了，过不了几天市场肉就会多起来!”当晚在座的几位同志都赞成老倪的分析、判断。

这一晚，要感谢老倪，我睡了个又香又甜的好觉。我天天关注，日日查访，果然，老倪的判断准确，过了几天，市场上卖肉的摊位真的渐渐多了起来。我的心情好了许多。

一波刚平，一波又起。安庆地区召开财贸会议，岳西成了反面典型，主持会议的副专员在会上批评取消生猪派购改革，说“岳西是胡搞，大家绝对不能用王某某的办法。那样搞，国家岂不乱了套?”分管财贸的副县长和县商业局长从地区会上回来，径直来到我办公室，认为大事不好。我听过汇报后，说：“没有什么大不了，不要怕！副专员不了解我们的情况，他管我们老百姓的饭吃吗?”我对他俩反复叮嘱：“县里的部署要坚决贯彻，不能乱，挺住！”

其实在那段日子里，我也是用“挺住”这两个字，时刻在心里提醒自己。欣慰的是，在这段日子里，一大批同志与我心心相印，时时为我撑腰打气。

终于风雨过去，彩虹突现。1984 年 9 月 29 日，我启程去安庆参加地委召开的县委书记会议。我们的车行驶不远，一辆长途客车与我们擦肩而过，“你胜利了，你胜利了！”对面客车上，县委办副主任胡颂扬大声冲着我喊道。我没有明白他的意思，他刚从地委党校学习回来，难道从上面获得了什么喜讯不成?

到安庆报到后，我就回家吃晚饭，我的家还安在城里。刚坐定，就听到一阵紧急敲门声，打开门一看，是老熟人岳西县供销社青年职工程旭波。他是专程赶来报喜的。“你解放了，你解放了！”他手里拿张报纸，大喊大叫，好像要把屋顶冲翻似的。

“什么事啊？这么激动。”我平静地问他。

他说：“你的生猪改革搞对了，中央都肯定了。你看，你看！”我一看，报上登载着中共中央、国务院《关于帮助贫困地区尽快改变面貌的通知》（我们称为《九二九通知》），说“贫困地区，取消一切统派购任务”！

顿时，我们都热泪盈眶。只有经过严寒的人，才更能感受到春天的温暖！

袁振知道岳西的改革举措，看到党中央、国务院文件后，直接给我打电话，说生猪制度改革，岳西是全国第一县。他夸了我几句，鼓励我继续前进。

地区的县委书记会议一结束，我立刻回县，召集县里几大班子坐下来，对我县几个月来在药材、茶叶、生猪等几项流通领域改革的实践进行梳理，统一思想，完善政策，进一步开放市场。

事实证明，我们先行实验的流通领域的改革与中央下达的文件精神不谋而合，因此，我们受到了极大的鼓舞，我们准备开展更进一步的改革。

四

岳西是个山区县，工业基础一向薄弱，唯有县缸套厂有些规模。可是一段时间以来，一向小有名气的县缸套厂怎么变得悄无声息。这是什么原因呢？县经委主任汪全开告诉我，厂长程为美在接受组织审查，厂领导班子处于半瘫痪状态，产量不断下滑。

厂长为什么在接受审查呢？汪主任把来龙去脉告诉了我。说是一天晚饭后，程为美的爱人到同事家串门去了，他自己一人在家，这时一个女职工来找厂长谈事。隔壁有个多事的女性，将程家大门从外面锁上，再把程为美的爱人喊回来。程为美的爱人匆忙回来打开家门，一男一女并排坐在沙发上看电视。程为美的爱人质问女职工：“你到我家来干什么？”女职工说：“我来找厂长反映问题，怎么啦？”两个女人没说几句就揪成一团，程为美怎么解释，也无济于事，真是“跳进黄河洗不清”，此事闹得满城风雨。

事后，有人跑到县纪委，举报程为美作风问题，说亲眼看到他们家里打得一塌糊涂。县纪委决定立案调查。这是我来县工作以前发生的事，纪委调查一年多，没有结果。程为美的《辞职报告》一直摆在我的案头。

我正想抓县城的工业企业，改变缸套厂业绩下滑的状况，可是厂长程为美的案子久拖不决，怎么办呢？我找来江启新和经委汪全开主任商量挽救缸套厂的对策，汪全开说：“经委早想物色个新厂长，找了一年多，都不理想。我在这里讲个不中听的话，‘除了程为美，没有更合适的’！”江启新对此说法表示认同。

看来解决好程为美的案子，是解决缸套厂问题的关键。我心里很着急，便找来纪委书记询问情况。他说：“程案嘛，是发生在两人之间的事。认定不了，也否定不了。”我按住心中的不快，请他回去召开纪委常委会，在充分讨论的基础上，对案件做个了结。几天后，纪委反馈的信息是，没有事实依据，对程案作出撤案处理。有了纪委的这个结论，县委组织部对程为美的重新任职作了讨论，并向县委常委作了汇报。缸套厂等几家企业负责人，是属于常委管理的。

走了一系列程序之后，召开县委常委会议的条件已经成熟。一天，山城大雪纷飞，瑞雪兆丰年，人们心头暖洋洋的。县委常委会议专题研究缸套厂问题，首先通过对程为美的任命，接着讨论如何通过改革起死回生，大家建言献策，会场气氛热烈。经委汪全开列席会议，他在会上发言表示，把厂长问题解决好是关键。现在尘埃落定，他对缸套厂的前景充满信心。

常委会后，我又带领分管县长及组织、人事、经委、财税等七八个部门到该厂调研，开了个全厂骨干大会。会上，我对程厂长过去的成绩和贡献作出了肯定，并对工厂发展提出“争先创优”的目标要求。有关部门也就如何支持、维护企业发展作了表态。

程为美，一个曾泄了气的皮球，一下子又被鼓得足足的。我们离开会场时，雪后天晴，阳光灿烂。此时，不知是谁放起了鞭炮，引得满街行人一齐向这里张望。

程为美思想解放，勇于探索，果然不负众望，交出了一张满意的答卷。1985 年，在国家第二步利改税的大背景下，他创新了“外部利税承包，内部打破等级工资制”的目标管理办法，解决政府与企业的依存、激励关系，获得成功。这一年，缸套厂产值比上年增长30.7%，所得税增长 3.2 倍，上缴利税增长 4.5 倍，被评为全省经济效益最佳单位，达到全国同行业先进水平，并顺利晋升为国家二级企业。

一项新事物的出现，总是伴随着质疑与纷争。缸套厂的外部承包办法，一开始就遭到上级财政部门的否定，他们说“第二步利改税，已解决了国家与企业的关系，不存在承包问题”，要求我们立即纠正。我们重新审视这项改革的进程和结果，认为方向正确，顶住了压力，坚持承包不动摇。年终，县政府按承包协议，一次发给缸套厂 6 万元奖金。省财政厅再次派调查组进驻岳西县，通过调查、反思，最终肯定我们的做法，并总结经验，向全省推广。

难能可贵的是，国家机械工业部也认可我们的改革，将全国缸套行业会议定在我县召开，把二十几个省的行家吸引到山沟里来，传经送宝，不仅企业受益匪浅，也极大地鼓舞了我们山区人民艰苦奋斗与探索创新的精神。

一花独放不是春，百花齐放春满园。缸套厂的改革取得成功，极大地激励了县、乡工业的发展。一批企业创优增效，成绩显著。轻机厂水磨石子机成为环保部指定产品；铸钢厂生产的结晶硅，远销日本、英国和澳大利亚，享受出口免检优惠待遇。一批带动千家万户的龙头企业，如罐头厂、丝绸厂，如雨后春笋，破土而出，茁壮成长。

1986 年，县办工业总产值比上年增长 22.6%。安庆地区在岳西县召开工业现场会。周边兄弟市、县对山沟里办工业，一开始大都持怀疑态度，通过现场会，看到如火如荼的发展势头，无不投来敬佩的目光。

五

流通领域改革及缸套厂改革的成功，极大地鼓舞了我们脱贫致富的信心，也坚定了我们的发展思路。经过一段时间的酝酿，我们县委、县政府最终确定了“一切为了脱贫致富”工作的指导方针。这说起来容易，做起来可不是那么一帆风顺。

十一届三中全会的春风吹进山村，习惯于捧着火炉守在家里猫冬的村民，开始走出家门，来到县城。不少人把自家菜园自食有余的菜蔬拎到城里，沿街叫卖；也有的把邻里各家的青菜、鸡鸭鹅蛋收集起来，在城里摆摊设点；还有的下河捕鱼摸虾，送到城里，在巷口摆摊。昔日街上人流稀少，如今熙熙攘攘，有的地方拥挤不堪。县政府有关部门常常疏导，但脏乱差状况，难以改观。

当时，地区宣传部门正抓文明建设，搞检查评比，管与被管矛盾逐渐突显出来，而且焦点就集中在县委大院门前。

县委大院，坐落在天堂镇花果山下，前面是两栋三层楼房，土木结构，坐北朝南。县委办公在前面主楼，尖顶圆拱，颇具欧式风格。主楼后面是五排整齐划一的房子，一条小径在绵长绿茵的葡萄架的簇拥下，直通六进大院。主楼前面有几排梧桐树、水杉，枝繁叶茂，绿意盎然。整个院落井然有序，显得古朴而庄严。

大院前面是宽阔的街道，向南延伸两三百米，连接着东西走向的大街，这就是县城有名的“十字街”，从安庆方向来的汽车经过这里。十字街既是县城的门面，又是人流集中之场所。这一繁华地段，自然是经商宝地，大小商贩都在这里争相摆摊设点。县政府整顿市场就从这里开始。

一天傍晚，我从乡下回来，一到县委大院门口，就被几十个上访的群众团团围住。我问怎么回事。大家七嘴八舌，群情激昂，听了大半天，才听明白。原来，为迎接地区市容市貌大检查，县政府贴出布告，整顿市场，将十字街主干道摆摊设点的数百个个体商户安排到较偏僻的三条巷道内经商。这里生意清淡，商户们无法接受，与部分机关干部争吵不休。

听了商户们的控诉，我心软了，劝他们回去，答应亲自做政府同志的工作。听了我的承诺，大家满意地散去。人们走后，我冷静一想，又有些为难，满足了商户们的要求，县政府的布告岂不成为一纸空文？政府同志的工作做得通吗？

于是，我找到江县长和分管城管的刘副县长与其讨论如何对待摆摊设点、市场整顿问题。

我直截了当："农民刚刚走出田头，刚刚学会做生意，市场刚刚有点活气，就把他们赶得东躲西藏、鸡飞狗跳，忍心吗？"

江县长和刘副县长同我争辩道："我们为什么这么做，有两个原因：一是上面搞市容检查评比，追得很急；二是市民对街道拥堵、脏乱差有意见。出布告、挪摊位，是不得已而为之。"

我们讨论了很久，没有结果。他们倒是埋怨我这个书记对政府工作不支持。

就在我与江县长和刘副县长意见不统一时，我们决定召开常委、县长联席会。会上，大家对政府如何处理这类事情提了些批评和建议，大多不痛不痒。我问大家："同志们，鱼好不好？好！熊掌好不好？好！二者不可兼得怎么办？"

"舍鱼而取熊掌者也。"有人回答。

"对！既要市容，又要繁荣，当二者不可兼得，宁可要繁荣，不要市容！"我进一步表明自己的态度，强调了"一切为了脱贫致富"的指导方针，要求用这个来统一思想、统一步调。经过讨论，政府勉强同意将布告撤销。

会后，我到县工商局座谈，听听业务主管部门对处理市容、繁荣关系的意见。他们思想活跃，各抒己见，认为：赶摊位、限摊点不是办法，不仅影响经济发展，也解决不了市容、市貌问题。一致意见是：堵"后门"，开前门，兴建县农贸市场是上策！我听了频频点头。我很感慨：不少领导常常以为自己最聪明，其实，智慧就在广大干部群众里。

当天下午，县工商局长带队前往省城申请项目资金，没想到省工商局正在研究如何扶持市场建设问题，听了我们县局同志的汇报，一拍即合，他们当场答应解决我县兴建农贸市场的贴息贷款。县工商局局长回来向县政府汇报，引起了县政府高度重视。县政府立即组织力量，开展选址、设计、绘图工作。

县城建农贸市场，成了一大喜讯，人们奔走相告，商贩们更是喜形于色，说县里正在为我们搭建经商平台呢。

一天，县政府召开筹建会议，邀请我参加。我肯定他们这段工作有成果，建议成立指挥部，打一场速决战。谁来当指挥长呢？分管县长说能力不行，当不了；县长说最近身体不好，不能当。我心里清楚，还是政府布告被否定，他们的那口气没出掉，要给我一点难看。我也反省一下，我的方式方法也有不足之处。好在县政府顾问孙伯楼主动请缨，要求担任指挥长，一下子为我解了围。

指挥部成立后，他们进行了卓有成效的工作。选择县里的一建司、二建司和市政工程队等三支队伍，按照专家评审过的规划图纸，在穿城而过的衙前河边的工地上你追我赶，日夜施工，三个月就完成了项目建设，比原计划提前十天。

农贸市场，沿河边防洪墙而建。墙外是高棚大间菜市，一字儿排开，气势恢宏；墙内是沿街门面房，两层或三层小楼，雕梁画栋，形式各异，在县城里形成了一道亮丽的风景线。这里统称农贸市场，兼有百货市场、建材市场、山货市场，一下子成了县城人流最集中的场所。

农贸市场的建设速度和建筑风格，得到省工商局的肯定。我们抓住机会总结表彰，对群众进行商品经济观念教育，加快脱贫致富步伐。趁商户、农户、企业纷纷进场之际，我们在新市场的大堂内召开大会。国家工商总局黄副局长正好在我县考察，也应邀参加了大会。会上气氛热烈，黄副局长发表热情洋溢的讲话。江县长对日夜奋战、不辞辛劳的建设者们以及为征地、拆迁不计得失、积极配合的有关部门给予表扬，同时，对政府认识迟钝，前期动作不力作了自我批评，表示歉意。江县长的讲话和诚恳的态度，引得一片掌声。

最后，轮到我讲话：“我曾经讲过市容、繁荣不可兼得，‘宁要繁荣、不要市容’这样的话。大家不要曲解我的意思，是在二者不可兼得的特殊情况下，二选一。现在，市场建起来了，改善市容的条件具备了，繁荣与市容不是可以兼得了吗？我们高兴地看到，大街小巷的商户们正在搬迁。我在此宣布：明天12点钟之前，一律进场！没有充足的理由，赖在街上不走、不服从管理的，我要‘先礼后兵’！所谓礼，我今天在这里讲话，打招呼，就是‘礼’；所谓兵，不是动兵器，是讲纪律，讲规矩，对不听指挥的要给点经济惩罚。这样要求不过分吧？”话音一落，赢得一阵热烈掌声，说明大家对这个是赞成的。

第二天下午，孙指挥长来报告，一是大街小巷的商户12点前统统进场；二是撤摊后的街道，清扫得干干净净，有的街面适当装修、粉刷，面貌一新；三是建设中涉及部分单位房屋拆迁，原来政府打算给点财政补贴，现在都表示一分钱不要。

啊，多好的人民，多好的干部！只要我们实实在在为他们办事，就会得到他们的真心支持和拥护。

通过大家的努力，农贸市场的建成有效地解决了市容、市貌和市场的矛盾，既繁荣了市场，又保证了街道的市容市貌的整洁。不久，岳西县便顺利通过了地区市容、市貌检查组的检查。

十几年后，我已调省直机关工作，一次出差回岳西县，晚饭后与几个同事到农贸市场溜达。看到这里熙熙攘攘，热闹非凡，有一户商贩生意做得特别大，同行的李处长与之搭腔，问是本县的还是外县的，回答说是庐江的。李处长又问他：“你怎么做得这么好啊？”

他回答道：“托当年王书记的福啊！”

听到这里，我心里很高兴，当年建成的农贸市场一直造福着当地的群众。

六

我任职岳西后，从资源角度，先做木头文章，后想到做石头文章。怎么想到的呢？当时，老百姓中流行一句泄气的话：“岳西要想富，除非石头变钱差不多。”说者无心，听者有意，恰恰是此话提醒了我，我们不能使它变钱吗？我开始琢磨起了石头开发这个事……

1987 年夏季的一天，毒花花的太阳晒得让人头晕目眩，我望着满山遍野的松杂树和松杂树覆盖下的石头山发懵。脑中一直环绕着一句话：“那取之不尽的山石，若能开发利用、变钱，那该多好啊？”

工作历练让我养成一种习惯：既要爱钻研，还要有了想法就立即行动。我带着县委办的同志不声不响来到潜山县黄铺镇，这里是安徽省 311 地质队常年驻扎地，我专程来这儿是向地质专家求教。

知道来意后，周队长出面热情地接待我们。

“这些就是岳西的相关地质资料，来，你看看这本……”他将岳西的地质资料一一翻了出来。

我接过队长手中的资料，里面全是记载的岳西地质情况，金属矿、非金属矿都有，还用了很大篇幅介绍花岗岩。

“你看这里，岳西位于大别山的东部，岩石储量十分丰富，岩性主要为花岗质片麻岩和英云闪长质片麻岩，局部地段有强烈的混合岩化发育。大别群和花岗岩是本地的特点……”周队长介绍得很专业、很认真，我们似懂非懂地点着头。

“那岳西的花岗岩储量不仅丰富，还很有利用价值啰？”我望着周队长询问。

“不错，储量不小。现在国家对花岗岩的研究与开发十分重视。”周队长回答道。估计他也在揣摩我心中所想，便又说道：“若想开发利用，还需要做进一步的勘探。”

“那当然，我们回去研究，着手组织。”我答道。

这次到黄铺求教，受益匪浅，让我更有了方向，更有了动力。

回县后，我立即召开常委、县长联席会，进行专题讨论，当我提出开发花岗岩的时候，大家眼睛一亮，觉得石头资源，在岳西取之不尽，石头开发这条路若能走通，岂不是又开辟一条脱贫致富的新途径？于是，大家积极响应，分头行动，一面请专业力量钻探、勘察；一面组织市场调查，办厂、选址。

做石头文章，对岳西来说，是“大姑娘上轿——头一回”，心里没底，我们能不能借助外部力量呢？几年前，我到深圳参观，第一次看到“招商局”的牌子，问这是干什么的？人家说，对外招商引资，包括引进技术和人才呗！我感到新奇不已。现在要开发花岗岩，我们不是也可以试试吗？

这时，正好接到通知，省长卢荣景要来县视察。我们抢先赶到省里，将准备做石头文章的打算向他汇报，引起了他的重视。他立刻改变了视察的行程和重点，带领省科委主任常本英和地质专家一起来，重点研究花岗岩开发事宜。考察期间，他一路翻阅勘探资料，现场踩点；一路讲招商引资、引进技术和人才。

在卢省长感召之下，中科院安徽光机研究所专家来了，福建莆田林金耀厂长来了。前者有技术，后者有办厂经验。林金耀是民营企业家，自己办板材加工厂多年，在当地小有名气，还是莆田市政协副主席呢。大家如果把各自的优势发挥出来，有什么事办不成？

县里很快成立了“花岗岩开采办公室”，抽调精兵强将，开展筹备工作，选择“三线厂”搬迁时移交的、还在闲置的大厂房做板材厂厂房。

矿山也选定了，第一批矿石很快开采出来。我派县委副书记孟庆银押车送矿石去福建莆田加工、打样，不久便加工出一批镇尺之类的小型样品，颜色褐红，打磨得光滑闪亮，送给卢省长看。卢省长召集专家鉴定，一致认为这是楼宇装饰的理想材料，市场前景广阔，我们都兴奋不已。

经过一段时间的紧张筹备，县政府与莆田、安光所三方联营的“岳西花岗石板材制品厂”于 1988 年 6 月正式挂牌成立。机器轰鸣，炮声隆隆，矿山开到哪里，哪里的村组就脱贫。两三百青年男女走出田间，变成了板材厂工人。

县板材厂一炮打响，产生传递效应。老百姓纷纷仿效，加工厂遍地开花，一下子冒出大小工厂七、八十家。八十年代末，石材形成一种产业，迅速发展；九十年代，石材产业成为岳西县政府确立的四大支柱产业之一；到2010年，全县石材产值接近一个亿，这是过去做梦也想不到的啊！

无奈好事多磨。三方联营的板材厂开张、试运行，大获成功，但是，围绕着厂子，县内矛盾、纷争也接踵而至。

首先是莆田方开始提供的设备有些问题。金钢砂锯切割大理石可以，但对花岗岩不适宜，人家意识到问题后立刻着手更换。县领导层内有人不知出于何种目的，夸大事实，说人家是骗子，刮起一股对林厂长不信任的风波。

接着是莆田方更换了金钢锯钻头，切割打磨效果不错，产品质量合格。一些人又出来挑刺，说金刚锯钻头价格太贵，人家赚钱太多，闹得沸沸扬扬。我出面协调，做有关同志工作，我说了个观点："不要老是盯着人家赚多少钱，而要看到有人家的介入、帮助，我们赚了多少钱！"

再就是有人在林金耀厂长是怎么来的问题上做文章，怀疑我这个县委书记与他有什么瓜葛，有什么金钱往来，挖空心思要把人家拱走。其实，林厂长并不是我引进的，是安光所专家引荐的。实践证明，林金耀是一位很负责任、很合格的厂长，对岳西石头变钱的事业做出了贡献。由于环境不好，三年后被迫离开，他并没有赚到什么钱。至于我呢，与林金耀是"君子之交"。捞钱？头脑中没有这个概念！这不完全表明我个人境界有多高，要归功于那个时代，那时，大多数领导干部对谈钱，认为是一种耻辱。

有人说我要“跌倒在木头上，摔死在石头上”。我听了，淡淡一笑。因为我知道我所做的一切，是符合党的要求的，是符合人民利益的。我有我的原则，我有我的坚守。我不会动摇，更不会退缩。我常笑着说：我是“打不死的吴琼华，我还活在人间”（《红色娘子军》主人公语）。

七

社会转型之初，新旧观念杂陈，虽然我们县委、县政府对脱贫致富这一方针认识一致，但是某些管理部门，尤其是执纪、执法部门观念陈旧，对个体户、专业户处置不当。我记忆犹新的是家电修理部和汽车运输户两个典型。

先说家电修理部。它隶属于县国营五金交化公司，从成立之日起，连年亏损。青年职工储德森敢“吃螃蟹”，主动要求承包家电修理部，18 个月扭亏为盈。盈利 1 万多元，按合同上交公司管理费 1500 元，还赞助社会活动几千元。职工的奖金也相应多发了点，高的也就 200 多元。我们对这个典型给予肯定，《安徽日报》头版头条作过宣传报道。问题就出在多发了些奖金上，有人眼红，说是“滥发奖金，违背上级规定”；公司主管领导也认为，这样搞，造成内部不平衡，职工有意见，便向县纪委反映。县纪委把它作为经济案件，立案调查，纪委书记亲自上阵。我从外地开会回来，刚进大院，看见许多人在议论纪委查案，沸沸扬扬。我一进办公室，就看到桌子上摆着一封储德森的陈述信。

我把税务、工商、物价、商业等部门负责人找来问个究竟。

“储德森有没有偷税漏税?”我问。

“没有。我们认真查过。”税务局长回答。

“是否违背经营范围?”

“没有。只有圆钉一项突破经营范围，但不是计划物资。”工商局长回答。

“是否违背物价政策?”

“圆钉每吨超过定价15%，不过物价文件还没有传达到下面，不知者不为过。”物价局长回答。

问了几个业务部门，我心里有底了。什么经济大案?说来说去还是平均主义思想作祟。我在随即召开的县人代会的最后讲话中，对家电修理部承包的得失进行剖析，对强加给储德森的5条罪名予以否定，敦促人们划清打击经济犯罪中的政策界限。我不指名地批评县纪委负责人思想陈旧，政策水平不高。

孙良平，一个个体汽车运输户，也遇到了类似的情况。

孙良平是农村能人，四十来岁，迎着改革开放的春风，办起了个体汽车运输服务部。他买了两部旧汽车，由两个弟弟开，同时兼营汽车修理，被评为地区的“勤劳致富带头人”。在八十年代前期开始的“打击经济领域中严重犯罪”斗争中，县检察院把他当作经济犯罪分子，准备逮捕。理由是他倒卖汽车，扰乱国家计划。

我认为，孙良平是勤劳致富。如果简单草率地说他买卖汽车，就是经济犯罪行为，予以逮捕，担心这样做会造成不良影响，此事关重大。于是，我们县委常委进行了讨论，认为有必要向地区执法机关报告。会后，我给地区政法委书记王琦打电话，就孙良平这一案件说了三条不构成犯罪的理由，一是孙良平卖的汽车是旧车，经过修理后卖的，赚取修理费，不可能冲击汽车市场，更不可能扰乱国家计划；二是孙良平卖车发生在1984年下半年，而国务院批转国家工商管理总局关于制止倒卖汽车的文件是1985年后的，不能用后来的文件精神去套以前的事；三是国家打击经济犯罪的重点是县级以上领导干部，孙良平是农民，不属于打击对象。王琦书记听了我的电话，立即通知“逮捕令”停止执行，叫县政法委书记和检察长到地区汇报。

县政法委书记和副检察长两人去安庆，参加地区检察委员会议。听说会上讨论很激烈，有的同志提出：“是权大，还是法大？”意思是说我这个县委书记是以权压法。真是天大的冤枉，我们还算把握分寸，没有直接对县执法部门说什么，而是向上级政法机关反映意见，有什么不妥？何况我们的理由是站得住脚的。想不到，会议讨论的结果是，对孙良平继续执行逮捕。

孙良平遭逮捕，在全县引起不小的震动，一批致富带头人驻足观望，有的开始往回缩。我呢，为自己不能保护带头致富的农民深感内疚，还要承受流言蜚语的中伤。有人说：“县委书记为什么那么拼命地支持孙良平？是不是孙送了什么礼？”这真是冤枉呀！

孙良平被收监后，叫他交代问题，交代什么呢？卖汽车所得只赚三千多元，连同兄弟三人劳动所得加起来，还不到一万元。他被关了六个月，县检察院终于做出决定：无罪释放！

在孙良平的案件中，我们县委坚定支持农民勤劳致富的立场受到社会一致好评。

八

带领农民脱贫致富，是我们的主攻方向；而群众的诉求、群众的疾苦，也是我们关注的重点。我每月总要安排一定时间处理群众的来信、接待群众的来访，倾听群众的声音。

道义乡青年农民王业武含冤受屈、上访五年的坎坷经历深深地刺痛了我，震撼了我，也让我陷入深深的思考，并由此引发县委、县政府下决心整顿机关作风。

1985 年的一天，是我处理群众来信、接待群众来访的日子。这时，一个青年走进来，瘦削、憔悴，他就是王业武。他拿出一捆车票，用颤抖的手向我打开，哟，有 160 多张。"……五年来，公安局的路让我跑低了，门槛让我踏平了……"他结结巴巴地向我倾诉。我说："不要慌，坐下来慢慢谈。"我花了两个小时，倾听他诉说，把事情的原委大体搞清楚了。原来他背了一个"拐卖妇女"的"黑锅"，含冤受屈五年，至今无人问津。

事情发生在五年前。王业武所在的村有个女青年叫朱诵香，她四岁时父母离异，被抱给本村的陈立新做"等郎媳"。15 年过去了，陈立新长大成人，身强力壮，并不担心找不到对象，但他有个弟弟陈庆华，是个"好人"（山里对痴呆病人的叫法）。陈家考虑到陈庆华找不到媳妇，有意让朱诵香给"好人"做老婆。朱诵香隐约知道了，心里特别难过，非常不愿意，打定要逃出陈家的主意。但她一个深山凹的姑娘，从未出过远门，哪敢独自出走？

一天，她听说王业武要去合肥有事，便偷偷地跟在后面，上了去合肥的长途汽车。王业武发现后，十分惊讶："你去合肥干吗？"

朱诵香答道："到六安姑妈家去。"

王业武问："你出远门，家里人知道吗？"姑娘摇摇头。

王业武又问："到六安去，还要转车，有买票的钱吗？"姑娘又摇摇头。王业武本想资助一下，摸摸自己口袋，糟了，除自己回程的车费外，也没钱了。待到合肥车站后，王业武对朱诵香说："你在这候车室等一等，我身上有粮票、布票，我兑换点钱来，给你坐车去。"朱诵香点了点头。

王业武回到候车室时，却再也见不到朱诵香的影子，他哪里知道朱诵香是有意躲开他，怕他强扭她回到那个她不想回的家。朱诵香躲开王业武后，一头钻进了去六安的客车。

王业武在合肥车站四处寻找，不见朱诵香的踪影。他写了个《寻人启示》贴在车站附近的墙上，一两天还是不见人影，估计她不一定在合肥了。他办好自己的事后，返回岳西。他有点踌躇，回去见到陈家说及此事，何言以对呢？不巧那天他和朱诵香下车讲话时，有个姓刘的同乡看见了，彼此打了个招呼就各自分手了。万一他回去说我和朱诵香同到合肥，我这不是"跳进黄河也洗不清"了吗？

过了几天，王业武回到了家中，一进门，母亲便说："业武呀，村上传疯了，陈家说你把小朱拐跑了，被你卖到肥西去了，这是怎么回事啊？"

原来陈家发现朱诵香出走后，就派人四处查找。正在此时，从合肥回来的那个姓刘的同乡向陈家说他亲眼在合肥看到王业武和朱诵香在一起……。

陈家得知此事，陈立新便双管齐下，一面写“状子”，告王业武拐卖妇女；一面带着全家人到王业武家“要人”。王业武的弟弟和老实巴交的父母面对陈家人，束手无策。当晚，陈立新一家在王家杀鸡做饭，闹了个通宵，见王业武一直没回家，便离开了，但将盲父陈善富留了下来，吃住在王家。

陈立新指控王业武拐卖妇女的“状子”，由大队转至公社，公社向县公安局报了案。一时间，小山村里沸沸扬扬，高中毕业的王业武竟然成了拐卖妇女的人贩子！这期间，县“打拐办”也很重视此事，传唤王业武。王业武再三再四地说明原委。处理此事的特派员也觉得难办，认定王业武拐卖妇女吧，证据不足，甚至没有什么证据；但同时，朱诵香现在还下落不明，又确实与王业武在一起待过……。最后，特派员对王业武说：“你最好自己去查访查访，人要是找到了下落，不是怎么讲怎么好吗？”

无奈，王业武背着沉重的“黑锅”，不得不出外寻找这位给他带来烦恼的姑娘。王业武腰中无钱，乞讨为生，走访了合肥和六安的部分乡村。人海茫茫，哪里寻得到朱诵香的踪影！

有一次，王业武外出寻找朱诵香，他家又一次遭到洗劫。陈立新召集陈姓家族的十来个人，来到王业武家，扬言道：“王业武把朱诵香拐走了，不交人就交钱，不交钱就搬东西！”到了王家，一哄而上，捉猪、逮鸡的，抬桌子扛树的，连稻箩、脸盆、被子、箱子，全挑走了。

在外面漂泊了两个多月，蓬头垢面的王业武拖着沉重的脚步蹒跚地走回了家，面对被洗劫一空的家，面对黯然神伤的父母，他嚎啕大哭，这样的日子何处是尽头？王业武不相信找不到说理的地方。他写好“反诉”材料，送到县公安局，要求政府早日查清此案，为他恢复名誉，保障家庭财产安全。但是，王业武的“诉状”如石沉大海，陈立新家一直骚扰不断。王业武只得再次踏上上访之路。

这时，突然峰回路转，终于发现了朱诵香下落。

原来，朱诵香乘车到六安后，面对熙熙攘攘的人群傻眼了，这到哪儿去找姑妈家呢？她坐在角落里伤心地哭泣起来。

这时，来六安走亲戚的寿县青年农民张君刚看到这一幕，走过来，亲切地询问：“小姑娘，你是哪里人，要到哪里去？”

朱诵香都一一说了。

听完朱诵香的遭遇后，张君刚萌生了帮她一把的想法，问道：“你可愿意跟我一起去寿县谋生？”

朱诵香犹豫了一下，心想反正逃出来了，就再也不回去了。她又看了看眼前这位青年，感觉到他是一个真诚善良的人，终于点了点头。于是，朱诵香跟着张君刚来到了寿县，过了一段时间，他们走到了一起，朱诵香在寿县安家落户。人口普查时，寿县工作人员主动给岳西发来信函，核实朱诵香的身份。王业武知道后，喜出望外，第二天就坐车赶到了寿县仇集公社，见到了朱诵香。朱诵香也十分惊讶。王业武便把与她走岔后这一年所受的冤屈和苦情诉说了一番。他希望朱诵香能回岳西一趟为他作证。朱诵香还是不敢回去，让张君刚写了份证明，生产队、大队、公社三级都盖了章，证明王业武根本没有拐卖朱诵香；朱诵香本人也写了申诉材料，历诉陈家对她虐待的情景，申明她的出走与王业武无关，要求政府能保障她的婚姻自由。

王业武高兴地踏上回家的路，心想这下可好了，自己的冤屈就要洗刷干净。他哪里知道，自己高兴得太早了！当他把这些证明、申述材料和照片送给县公安局，又音讯全无。

第二年底，王业武的冤案仍无人问津。第三年，王业武又去了一趟寿县，邀请朱诵香务必回趟岳西，当面向政府讲清实情，可朱诵香哪敢回去？于是，她又请人写了一份申述材料通过邮局寄给了岳西县有关部门，一再证明，自己的出走与王业武毫无关系。第四年，王业武继续地上访……

当我接触王业武的冤情，看到一大叠申诉材料和一大捆上访的车票后，不觉怒火中烧。我们的党政机关怎么会是这样？我找来负责此案件的公安局副局长吴功昆，听听他对案情的陈述，追问迟迟不作了断的原由。当他强调案情头绪复杂、自己工作繁忙的原因时，我狠狠地训斥了他一顿。随后，在公安局送来的汇报材料中，我批了个意见，言辞犀利："公安局的同志要坚持党性立场，尽快了结此案。对案件本身的具体业务，我们党政领导不予干预，但对那种严重的官僚主义和不负责任的作风，我们有必要从党纪的角度予以追究！"这下子才有了点触动，公安局立即组织力量，重新处理此案。

此时，原地委书记、现任省检察院检察长冯建华来县视察，我将此案向他作了专题汇报，引起了他的高度重视。冯检察长年事已高，仍不顾山高路远，亲自来到道义乡（此时公社已改乡），找到了王业武，询问了他的冤情。这一下子在全县引起了轰动，公安局的同志，尤其是吴功昆同志开始检讨错误，对自己极不负责任的工作作风进行深刻反省！案件经公安局复查后，提请县委政法委员会的"四长"（检察长、法院院长、公安局长、司法局长）会议研究，立刻作出恢复王业武名誉等项决定。

第二天，县政法委在道义乡走马村召开群众大会，政法委书记、检察长、公安局长等领导都来到会场，会议隆重而庄严，震动四方。会上宣布“四长”会议决定，为王业武恢复名誉，退回财物，并赔偿损失；对陈立新行政拘留十天，写出《悔过书》，张贴全区。

此时，恰逢县委全委会议召开。我在全委会的讲话中，用了相当长的篇幅讲到王业武的遭遇及五年上访的坎坷经历；严厉批评我们有些同志对人民的疾苦、群众的诉求漠不关心、麻木不仁；点名批评了公安局负责的同志。借此，我们在全县开展一场反对官僚主义、整顿机关作风的大行动。

一时间，党政机关各部门、各单位，联系实际，对作风方面存在的突出问题自查自纠。这次行动，对某些作风漂浮、脱离群众的干部敲了一次警钟，对广大党员、干部也是一次深刻的教育，显著地拉近了干部与群众的距离，为脱贫致富攻坚战扫清了某些障碍。

九

王业武上访事件，充分暴露了干部队伍存在的严重问题。我清楚地意识到，我们山区要缩小与山外的差距，加快脱贫致富步伐，不在干部队伍整体素质提升和人才培养上下功夫是不行的。

连续几年，我们让县委副书记和人事局长带队到合肥、芜湖等地的几所大学，召开座谈会，招揽毕业生回乡参加建设。

我自己还被邀请到母校安徽大学作报告，动员毕业生回乡服务。那是1986年暑假前夕的一天上午，学校大礼堂坐得满满的，两千多毕业生，尽显蓬勃朝气，个个眼神里都流露出对美好前景的期望。

主持人将我介绍后，大家安静下来了。我望望台下黑压压一片，却发现有的在交头接耳，有的在低头看书。我心中明白，这些年各种政治性、任务性的报告不少，他们满以为又是一篇内容雷同的报告。哪知我说了几句客套话后立马转入正题，全是惊心动魄的改革故事和转型年代观念碰撞与思想交锋的事例，一下子把大家吸引住了。事后有人告诉我，两个多小时的报告，我的讲话被掌声打断了 13 次。

会后，有几位毕业生改变志愿，投身岳西。安大毕业的蒋建中回来了；家在太湖的毛胜发，不顾亲友劝告放弃留校任教机会过来了；还有湖南九嶷山大学毕业的毛艺萍也向往这里，她说报纸上有关岳西改革与建设的火热场景，吸引了她。短短四、五年时间，来岳西县的青年学生达三百多人。经过多少年实践的锻炼，现在有的已成长为县级或科局级领导骨干。

我们还从外县、外省引进若干急需人才，力图改变人才短缺的现状。当然，我们的努力重点还是放在现有干部队伍搞活上。

实行干部“四化”（革命化、年轻化、知识化、专业化），为国家的政治路线提供组织保障，在整个改革开放中起到了极其重要的作用。但是，毋庸置疑，在实行“四化”的过程中，一些地方和干部存在严重的偏颇，有的只注重文凭，忽视真才实学；有的只重才能，忽视品德；而大多数只求四平八稳，不敢开拓创新，甚至对勇于改革创新的干部求全责备。自古有言“金无足赤，人无完人”。面对开拓型干部提不起来的现状，我响亮提出：“宁要有缺点的开山斧，不要辫子不多的庸碌官”。这个观点像一颗炸弹，在全县引起强烈反响。我头天讲话，第二天就传到省城，不知从哪个渠道还传到省委书记的耳朵里。省委书记黄璜专程赶来，就干部问题开展调研，研讨结果得出：“给钱给物，不如给用人政策”。

省委书记的到来和相关活动，是对我们用人观点和做法的极大支持。一时间，大部分干部感到有盼头，有奔头，敢想敢干，你追我赶，昔日封闭的山区呈现出少有的新气象。在此背景下，一些有能力但有争议的干部被启用，一批年轻有朝气的干部被提拔到重要岗位上来。

十

我来岳西县之前，县纪委查处一案子，多年不能结案，社会负面反响强烈。

之所以出现这种情况，因为涉案人系县人大常委专职委员闻时贤。此人在当教育局长时，利用职权，对一位要求调动的女教师威胁诱逼成奸，致使她的丈夫精神失常，家庭破裂。据说上届县委常委讨论过几次，都因为“证据不充分”而搁置。我来之后，县纪委挂号，要求提交常委讨论。专案组同志事先给我打招呼，说闻时贤很强势，当教育局长之前当卫生局长多年，在县里关系盘根错节，编织了庞大的人缘网络，没人敢碰，告诉我要有思想准备。

一天，县委常委会议专题研究该案件。专案组带来几大包厚厚的卷宗，办案的同志一页页地宣读，有时停下来展示证据，做些解释。会议室一片寂静，常委们有的望着天花板，有的在静静地抽烟，偶尔传出的咳嗽声格外刺耳。整整一个上午，讨论没有结果，下午会议继续。

受害人是英语教师，用英语记的日记，有厚厚的一本。对该日记，送安庆师范学院翻译，并送县气象局对日记中记录的阴天、晴天进行比对、鉴定，真实可信。

当专案组同志读到日记中“老鬼又来了，我讨厌他！”“我讨厌一切男人，恨一切男人！”“我现在是叫天天不应”时，我眼圈红了，不知从哪来的冲动，将桌子一拍，“混蛋！这样的坏家伙在老百姓头上拉屎撒尿，我们还能麻木不仁、无动于衷吗？在这个问题上，如果我们不能为民作主、伸张正义，我看大家不如打好铺盖回家去！”

我话音刚落，会场气氛突变。大家纷纷发言、表态，对纪委常委《关于撤销闻时贤县人大常委委员、开除党籍的处理意见》一致赞同。一项难产的决定，终于尘埃落定！

接下来是找闻时贤谈话，宣布处分决定。按习惯做法，纪委书记和分管的县委副书记两人出面就可以了。他们俩担心难以对付闻时贤，要我一起参加，我答应了。

当天晚上，在县纪委会议室，我们三人先到，当事人却姗姗来迟。纪委书记王培深宣布处分决定后，闻时贤还一副吊儿郎当的样子，嘴里不干不净，说是有人整他。

这时，我义正严辞地指出他问题，揭露他卑劣的手段，指出他给党和政府造成的严重影响。他慢慢软瘫下来，结结巴巴地表示接受处罚，我注意到他的手在发抖。

最后，县委朋副书记讲话，他要求闻时贤“改过自新、规规矩矩过日子”。这场谈话，圆满结束。

闻时贤受到惩处，消息不胫而走。当晚，人们奔走相告。第二天早上起来，县委会大院门口，人头攒动，正在热烈地议论什么。我走过去一看，是深夜有人给县委大门贴上一副对联：

清官再世，除暴安良。

明镜高照，人民有望。

横批：此乃开封府。

我看到后，心里为被称为清官而感到高兴，但转念一想，觉得不妥，在新社会，这是共产党人应尽的职责！我立刻叫县委办同志买几幅画将对联覆盖起来。

处分一个官员，在社会上产生如此大的积极反响，是我们始料不及的。常委就此进行了一次思想总结，一致认为，在大是大非面前，在维护党纪国法面前，领导成员必须旗帜鲜明，形成合力，才能树正气，得民心；否则，就会脱离群众，最终会为群众所抛弃。

还有一件事，对我们县委领导班子更是一次严峻考验。在林业改革期间，为创造一个宽松的法制环境，县委决定开展一次“法制宣传月”活动，准备调用一套为私人占用的闲置房做活动办公室。该房正好在县司法局隔壁，为县政协办公室李勤劳主任所占用。有关同志与他交涉多次，他就是不交出钥匙，怎么回事呢？据说是背后有人撑腰，这个人是谁呢？人们悄悄告诉我，是县政协崔主席！我让朋副书记、江县长先后去做崔主席工作，回来反馈，都说崔主席未松口。

看来，这是一根难啃的骨头，只有我亲自出面才行。一天，县党代会结束，按惯例，第一次全委会安排我讲话。一上来，我先说了些感谢各位委员对我的推举，感谢组织和人民对我的重托，立即转入正题，说：“办公室同志就领导班子革命化，准备了一篇文稿，有些‘干货’，不错，会后印发给大家，监督执行，这里不多讲了。我今天要讲的是，有些表面看来事情不大，实际上在阻碍着我们前进的东西。比如说，县里决定搞‘法制宣传月’，调用一套闲置房做办公室，调不动，县里两位主要领导出面做工作还不行，这还了得?！李勤劳这个家伙，目中无人，把组织意见当耳旁风。在此，我宣布：明天早上8点钟之前交出钥匙！若不交的话，我就带领江县长、朋副书记，以及几大班子的办公室主任一道去打门。”

说到这里，我站起身来，把手一挥：“我要踢它一脚，我这一脚，是向一切邪恶势力宣战！”我声调高昂地喊道。

此时，停顿下来，注视一下身边，全场寂静无声，连掉下一根针的声音都能听到。我接着说：“之后，我将召开常委会，讨论处分决定，通报全县。”我的语气放缓了些，仍是斩钉截铁。

我望望坐在我对面的政协崔主席，他很不自在，把头低下，眼盯脚尖；我又望望县妇联主任，她是李勤劳的爱人，新当选的县委候补委员，把头埋在桌子底下。

就像演员在表演，我一下子把剧情推向了高潮。

第二天早上7点，我起床后，正在洗脸。天下着雨，光线朦胧，一个人突然窜进了我的房间，定睛一看，是政协崔主席！他郑重其事地将钥匙交到我手上，对我说：“老江、老朋是跟我说过，他们的话没有讲清楚嘛！没想到问题这么严重，你一说就清楚了。我昨晚找李勤劳一说，不就解决了?”突然间峰回路转，我也有点喜出望外，连忙同他握握手，说：“崔主席啊，谢谢你的配合与支持！”

得知崔主席把钥匙送来了，我身边的秘书科长刘同焱、秘书邬正南都非常高兴，向我伸大拇指，我说："不要高兴得太早，后面还会有事的。"

话音刚落，当天中午快下班时，政协主席就来了。他将一份《辞职报告》送给我，我看了大吃一惊，没想到他会给我出这么个难题！他是正县级，五大班子主要负责人之一，辞职与否，决定权不在县委而在地委，县委只有申报权。我好言好语相劝，说："你是老同志，党的宝贵财富，县里工作也需要你。若身体不好，可考虑将工作量减轻，坚持到任职期满；如果是因为我们之间有什么误会，可以通过沟通解决嘛。"他还是一句话，压力大，身体也不好，不想干。我劝他回家想想，想好了，下午再见面。

趁中午休息时间，我给地委领导挂电话报告政协主席辞职的事，先给张伏生副书记说，后给冯建华书记说，他俩都同意崔主席辞职。知道上级的态度后，我心里有了底。

下午，政协主席如期而至，他将《辞职报告》再次送到我面前。

我接过报告，当着他的面，用红色圆珠笔拿起来就签："我同意。待县委常委讨论后，报地委审批。"这可能是他没有料到的，他估计我敢这样签，肯定是与上面沟通过。就没精打彩地离开了。

经地委批复后，崔主席履行了退休手续，在家安度晚年。他基本上不参加外界活动，与那些搬弄是非的团团伙伙从不沾边，严守做人的原则，表现出那个年代的老干部固有的本色。每年春节，我都去他家慰问，听听他的批评建议，他热情接待我，我们一直保持正常往来。

一次次碰撞，一步步前进。我们走过了许多坎坷的改革道路，最坎坷的是林业改革，牵动面更广，触及的问题更深。

第三章

林改之路最坎坷

一

岳西是一个纯山区林业大县。县内最高峰是陀尖，海拔 1751 米。第二高峰是多枝尖，在鹞落坪保护区内，海拔 1721 米。多枝尖气势如虹，蜿蜒向东延伸，成为“江淮分水岭”。以这里为起点，水向北流入淮河，向东流入长江。

县内千米以上的山峰有 69 座，其中闻名遐迩的名山是佛教禅宗二祖祖庭司空山。当代佛学大师赵朴初给司空山题名为“中华禅宗第一山”。

岳西素有“八山一水半分田，半分道路和庄园”之称，人均七亩多山场，六分多耕地，与平原、丘陵地区相比，是两个完全不同的世界。农业“包产到户”后，平原、丘陵地区见效快，农村立刻焕发生机；而山区起色不大，山高岭大，交通闭塞，加上自然灾害频发，使得这里的人们世世代代处于自我封闭和极度贫困的状态。

来县任职不久后的一天，我陪同省委秘书长张秉纶到前进乡王程村挨家挨户看了两个村民组，这里“六个没有”，即没有一家有件像样的衣服，没有一家有床像样的棉被，没有一家床上有垫单，没有一家不缺油少盐，没有一家不说粮食不够吃，没有一家不欠债短款。张秉纶连夜给省委发电报，惊呼：“贫困状况，使人触目惊心！”

面对此情此景，我痛心疾首，暗暗发誓：“要为改变山区现状，干点实事，不当太平官。”

首先，我组织县委、县政府的领导成员开展调查研究，形成了三个共识。

第一个共识，必须在山场上下大功夫。过去由于多方面原因，山里人丢掉人均七亩多的大片山场不管，在处于劣势的人均六分亩的耕地上做文章，是本末倒置。

第二个共识，必须进一步解决林业政策问题。过去历届党委、政府对山区也动过不少脑子，提出过一些好的指导方针，如“靠山吃山”“以林为主”等，为什么农民“靠山吃山”靠不住，“以林为主”主不起来呢？

第三个共识，必须改变林业“三定”政策。四年前，国家统一组织开展大规模的林业“三定”（稳定山林权属、划定社员自留山、确定林业生产责任制，即责任山），与过去“大呼隆”相比是一大进步，但没有解决根本问题。

根本问题在哪里呢？我又组织力量对林业“三定”的功过是非，开展专题调研。农民对现行的林业“三定”政策不满，把“自留山”当“亲儿子”，把“三定”中划定的林农得利很少的大片“责任山”当作“后娘养的”；还有林木税费太重（有 13 项）、关卡太多、统配材计划到农民手里太少等等，越调查越感到问题严重，越调查越怀疑政策的科学性。

得知省委书记黄璜在金寨县调研，听到干部群众的反映与我们县的情况基本类似。他在调查报告中写道：“我所接触到的干部都认为，林业‘三定’并没有从根本上解决林业生产责任制问题。它把‘自留山’同‘责任山’分开，给群众在心理上造成一种误解，即认为‘自留山’是自己的，‘责任山’是集体的，因而对‘自留山’亲（称之为‘儿子山’），肯下功夫，树种得多，也管得好；对‘责任山’疏

（称之为‘媳妇山’），不肯下功夫，树种得少，也管得差。然而‘责任山’的面积大，经营得好坏，对山区生产起着决定性的作用。……”黄璜书记的调查报告刊登在《安徽农村通讯》1984 年第 4 期上。两个月之后我才看到，我禁不住拍案叫绝，黄璜书记的分析可谓一针见血呀！

五月，梅雨季节，山区的雨在天空中洋洋洒洒，绵绵长长，于无声中悄悄润进树林、田野，山山凹凹一片翠绿，一片葳蕤。我来到白帽区凉亭河边，看到山洼里采伐的木材堆积如山，一放几年，任其腐烂。早听说过这条河是当年红军饮马作战的地方，但眼下全然没有那种怀古思幽之情。我踢了踢倒在水里的一棵杉木，一片片剥落下来。

我问村主任：“为什么不卖呀？”

“公家统着呢。计划材指标分到群众手里很少，就是分给群众，也卖不了几个钱，还要你扣他抽，轮到我们头上就没有多少。让它烂呗，反正都别想得到。”村主任连珠炮似的回答我。

“这烂的是金条啊！”我感慨万千。

“人在家里穷，树在山上烂”，这叫什么政策?！我有些愤慨。

我住在凉亭乡政府楼上的一天晚上，一个年轻人惶恐不安地找上门来。原来他砍了门口祖上留下的两棵树偷偷运出去卖了，被林业站知道，人被捆到乡里关了几天。两棵树木没收，同时罚款 300 元。他们家本来就是因为没有钱买粮才砍树的，现在被罚这么多钱，他哪来钱交罚款，交不了罚款，他家里一头猪被林业站抬走，一头牛也被牵走，房子也被扒了。这对于本来就困难的家庭来讲岂不是雪上加霜？

我看到这个年轻人单衣单裤，赤着脚，浑身打哆嗦，一阵心酸。

他这么做，是为了生存。本来靠山吃山，可山又被封死。为了活下去，他不这么做又能怎么办呢？

我眼睛湿润了，很同情他们家的处境。群众自己培育、管护的树木自己不能动用，一动用，就被罚得如此之重。据我所知，有些非林权所有者却可以“找关系”、批条子，整车运走木材。这是何等的不公啊！

还有一位年轻人储荣生也有类似的遭遇，他是城关镇人，开了个小小木工厂，收购一些弯弯曲曲的松树，加工做成自行车包装箱，定向销往合肥自行车厂。一天晚上，一整车产品正要运走，被林业站卡住，没收了。他来向我求助，希望我为他要回产品。我找来林业部门相关同志，质问为什么没收人家的自行车包装箱？得到的回答是：“他收购小材小料，没有经过批准。”啊？你批准不批准用什么标准来衡量呢？小材小料都不允许加工，这不叫“作茧自缚”吗？我毫不客气地批评他们一顿，下令今后遇到类似情况，一律放行。储荣生感激不尽，他的小小木工厂办得风生水起，获得了第一桶金。后来他又办起了以加工工艺被为主的天鹅集团，成为县里第一纳税大户。

来找我求助的不只是这两位青年，我将自己掌握的材料和问题梳理了一下，感到现行林业政策这问题、那问题一大堆。经过反复思考，我感到影响岳西脱贫致富的关键是林业政策，其要害是林木所有权、经营自主权的问题。我们的下一步改革，必须从这里入手！

那具体要怎么改呢？我们就林业改革的问题再次向社会各方寻方问计。

凉亭乡金龟村老支书刘金松提出，田地可以包产到户，大片的山场为什么还要留给集体、不承包到户呢？

头陀区林业站站长王和主给我写信，建议搞“两山并一山”，他说这样做有必要，也可行。

县人大主任杨宇华到虎形乡一个村调查，发现那个村偷偷把山场分到了户，管理有方，秩序平稳。他整理了一篇《群众欢迎“两山并一山”》的稿子，登在县里的《内部简报》上，送给我看，敦促我早下决心。

县几大班子经过多次讨论，分山、分林到户在领导层达成了共识。为了容易被干部群众接受，不用“分山到户”的提法，而用“两山并一山，同作自营山”的表述。经过3个多月的调研、讨论，我们向地委、省委作了汇报。

1984年6月初，县委、县政府正式做出在全县开展以“两山并一山，同作自营山”和“有管控地开放林木市场”为主要内容的林业改革决定。

为稳妥起见，先行试点，再全面推开。我和县委副书记曹取才两人分头到凉亭、来榜两个乡搞试点，八个区中的另外六个区各抓一个试点。一时间，林业改革，在岳西县成为关注的焦点，是工作的重中之重。

林改前作者到林区调研

二

岳西县竖起林改大旗，“两山并一山”开展得热火朝天，这在周边县、市引起纷纷议论。有好心人给我打电话：“你一个县这么搞，不怕冒风险吗？”

我的回答是：既怕又不怕。我们岳西是全省最贫困的县，省委对我们实行“十项特殊政策”，有文件在案；分山、分林到户是群众的要求，顺民心、合民意，有群众作后盾，为大多数人谋利益，犯不了什么大事。

要说一点都不怕，那也不客观，老婆、孩子和自己身家性命还是要顾的。

在犹豫不决时，我想到直接给中央领导同志写信，寻求支持！

给中央的信，是1984年6月13日在凉亭乡蹲点时动笔的。从早到晚，通宵达旦，情真意切，一气呵成。拟用的题目是：《现行林业政策是失败的政策，必须从根本上加以改革》。初稿出来后，邀请一起蹲点的同志帮我修改完善，力求精准。

在一起蹲点的同志有：县委农工部长吴象贤，县委党校副校长余哲夫，还有县委办副主任汪时清，秘书科长刘同焱。他们各抒已见，畅所欲言，对初稿中的基本观点高度认同，但对我使用“失败”二字，看法不一，小有争论。因为这牵涉到对林业“三定”该不该彻底否定的问题。这确实需要胆识和勇气。

听过争论后，我说：“政府花那么大气力搞林业‘三定’，第一，产权、经营权没解决；第二，林产品流通没解决；第三，‘乱砍滥伐’没解决，还不算失败吗？”我接着说：“只有把问题提得尖锐些，才能抓得住人，才能引起上级重视，这是我用‘失败’二字的初衷！”这么一说，大家都赞同。

当然，我也清楚地意识到，言辞这样尖锐，会触动一部分人的神经，会留下口实，遭到打击甚至政治上的处理都有可能，但为了解决群众生计问题，我也顾不得那么多了。

与我思想很合拍的吴象贤，拿着稿子看了一遍又一遍，想说什么，欲言又止。我说：“你有什么，照讲不误。”他说：“《森林法》还没有修改，分山分林到户，还是有政治风险的，要有遭遇挫折的思想准备哟！”刘同焱快言快语：“中央领导同志不是讲过，允许改革犯错误，不允许不改革吗？”

我说：“这个不讨论了，我早有思想准备。如果有什么三长两短，我一人承担，与大家无关。”他们看我说得很严肃，客房里的空气开始沉闷起来。

我呢，自认为对当前中央鼓励改革的大局把握很准，底气十足，无所畏惧；我更清楚，胜利和付出是相辅相成的，要想取得胜利，就得付出，也只有敢于接受各种挑战和付出，才能获得最后的胜利。为了缓和气氛，我半开玩笑地说：“我如果真的坐牢，你们可给我送牢饭呀？”大家一齐叫起来：“送！不但送饭，还陪你一起坐！”

给中央的信定稿后，我派人连夜送到县委机要科，通过地委机要室、省委机要室发往党中央。

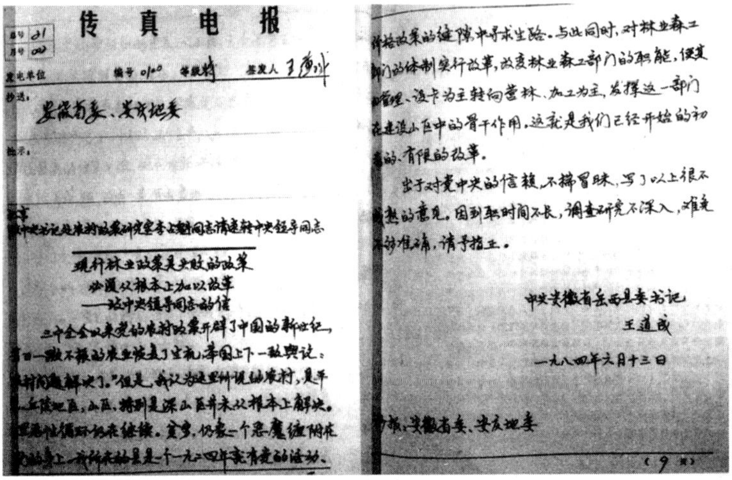
传真电报

编号 0100 等级 特 签发人 王道成

抄送：安徽省委、安庆地委

现行林业政策是失败的政策
必须从根本上加以改革
——致中央领导同志的信

三中全会以来党的农村政策开辟了中国的新世纪，……

……这就是我们已经开始的初步的、有限的改革。

出于对党中央的信赖，不揣冒昧，写了以上很不成熟的意见。因到职时间不长，调查研究不深入，难免不够准确，请予指正。

中共安徽省岳西县委书记
王道成
一九八四年六月十三日

抄报：安徽省委、安庆地委

致中央领导同志信原稿首尾页

在信中，我们首先指出三中全会以来，党在农村政策上开辟了新纪元，舆论认为“农村问题解决了”但是这里所说的“农村”更多指的是平原丘陵地区，其实山区农村的问题没有解决。我们把山区地区与平原、丘陵地区做了对比，认为山区要想脱贫致富的话，林业政策是要害。主要表现在：“一、竹木价格太低；二、‘苛捐杂税’太重；三、关卡太多。综上所述，我认为现行林业政策是失败的政策，它不能使山区致富，只能使山区致穷！它违背了实事求是的精神，是对三中全会的反动。”

在信中，我们还分析了现行林业政策的基础，认为现在的森林都是山区人民付出劳动栽种或管护形成的，但是农民从山上得不到实惠，严重挫伤了他们造林、护林的积极性，导致荒山无法绿，林木无法管。在信中，我们写道：“林业政策改革的出发点应该是还山、还林、还利于民，使山区人民真正成为山林的主人，走靠山吃山、吃山养山的正确道路。”

最后，我们介绍了岳西县林业改革的步骤：“第一步就是对责任山动手术，‘两山并一山’，统称自营山，分山分树到户，给农民以林木继承权、经营权、活树转让权，只是采伐权不放，坚持采伐‘一本账’。第二步，通过清理林业资源，建立、健全采伐‘一本账’，坚持有计划采伐，做到青山常在、永续利用。第三步，开放竹木市场，允许农民卖高价，在现行极不合理的价格政策的缝隙中寻求生路。与此同时，对林业森工部门的体制实行改革，改变林业森工部门的职能，使其由管理、设卡为主转向营林、加工为主，发挥这一部门在建设山区中的骨干作用。”

（信件原件见附录）

三

6月30日中午，县委值班室的电话铃响起，省委秘书长张秉纶打来长途电话告诉我，说我给中央的信，引起了中央领导的高度重视，发出后时隔一天，即6月15日，胡耀邦总书记就作出了重要批示。

中共中央总书记胡耀邦同志一九八四年六月十五日对王道成同志《现行林业政策是失败的政策，必须从根本上加以改革——致中央领导同志的信》的批示：

万里同志：此事请你处理。在我看来，山区政策没有认真解决。我们有些部门有些同志长期不关心群众的痛痒，坐在房子里主观主义地制定政策，规定办法，并且不太领会中央同志的主张。我认为再这样下去不行。请你考虑是否召集一个会解决一下。

（此批示由省委秘书长张秉纶同志六月三十日十一时二十七分电话传达）

中共岳西县委办公室印

一九八四年六月三十日

胡耀邦总书记批示

批示的全文是这样的：

万里同志：此事请你处理。在我看来，山区政策没有认真解决。我们有些部门有些同志长期不关心群众的痛痒，坐在房子里主观主义地制定政策，规定办法，并且不太领会中央同志的主张。我认为再这样下去不行。请你考虑是否召集一个会解决一下。

张秘书长还告诉我，胡总书记的批示是国家林业部6月29日晚传到省委的。现在，省委常委正在学习、讨论。

接到总书记的批示，我及我身边的同志都兴奋不已。

收到了总书记的指示，一场大刀阔斧的林业改革，在岳西一浪高过一浪地向前推开。

县里派出500多人的工作队，县、区、乡及县直机关主要领导干部，基本上倾巢出动，下到基层，帮助群众分山、分林，勘山定界，谋划运作，处理山林纠纷。

“两山并一山”，一下子把山区群众参与改革的热情激发出来，他们兴高采烈，情绪高涨，干劲十足。

这次林业改革是一个集中了全县广大干部、群众智慧的系统工程。对这次林业改革，县里总体设计分为三步走，后来根据形势发展又作了一些调整，增加了第四步。

第一步，分山分林到户。即在林业“三定”基础上，本着“大稳定，小调整”的原则，按人口或人户各半的要求，将林山、疏林荒山划片到户，由县政府填发《自营山证》。

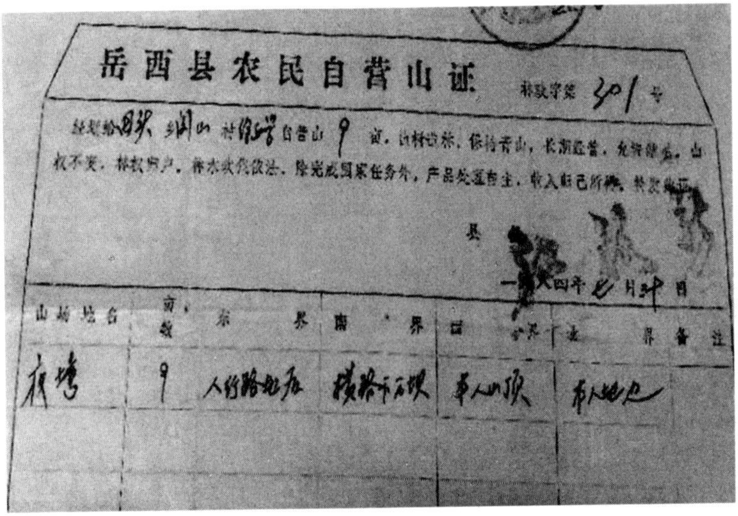
岳西县农民自营山证

岳西县农民自营山证

第二步，建立“一本账”，分户登记山场面积和蓄积量，核发采伐证，根据“采伐量不超过生长量”的原则，保证限量采伐在可控之中。

“一本账”是在保证生态效益的前提下，充分发挥林木经济效益，合理利用森林资源的经营管理计划。实行“一本账”计划，不是我们的发明，是国家多年前为维护森林生态效益，保持青山常在、永续利用而采取的一项重要措施。只不过以前，是以县为单位建立“一本账”，在实践中并没有很好贯彻下去。

这次，我们把它经过改造引入并山后的林业实践，将“一本账”建到林区的每个农户。即摸清森林资源，以户登记蓄积量，推测年生长量和确定年采伐量，我们把它叫作经营管理“一本账”。尽管一开始搞得不一定很准确，但作为采伐的基本依据是完全适用和必要的，县政府就按这个下达年采伐计划。因为这个计划是本着“年采伐量不超过生长量”的原则确定的，所以严格执行“一本账”，就能够保证经过采伐后，森林蓄积量逐年增长，兼顾两个效益，从根本上既维护农民的利益，又保证青山常在。

上述两步，事情繁杂，工作量大，在通常情况下，没有一年时间是完成不了的。而这次我们动员了大量的人员，只花两个月时间，一举完成，干净利落。

全县 248 万亩山场，6.3 万农户，划自营山 198 万亩，占总面积 80%。

我们还从实际出发，保留乡村集体林场 130 个，面积 23.4 万亩；鼓励大户承包、联户承包。这样，全县形成分户自主经营与集体林场、大户承包、联户承包等多种形式并存的经营格局。

南庄乡青年农民徐传德，林改前承包荒山 2260 亩，连年组织力量植树造林，办起了雷公岩大户承包林场，得到县里的肯定和表彰。在“两山并一山”过程中，这片山场也划分到徐北斗、徐联荣等十二户，但仍由徐传德承包。徐传德与这些农户分头签订承包合同，利益为八、二分成，承包期由十年延长至三十年。这样，他与相关农户的责、权、利明晰，皆大欢喜。大户承包人徐传德享有山场使用权，经营管理主导权；各农户享有山场所有权，利益分配权。农户徐联荣年近 70 岁，儿子在部队服役，属于无劳力户。他的 180 亩山场由徐传德承包，荒山变绿林，可以预见，合同到期，能获得一笔可观的收入。而徐联荣被徐传德聘为护林人，还能领到一份劳动报酬。这表明：林权到户，与少数农户经营管理条件不够，并不矛盾。经营形式可以多种多样，做到优势互补，相得益彰。徐传德在山场经营中，成绩突出，做出了榜样。他被县里推荐为全国人大代表候选人，经选举，1988 年当上了第七届全国人大代表。这在岳西县是破天荒的一次。

徐传德与承包合同

四

1984 年 9 月中旬开始，我们的改革转入第三步，就是“有管控地开放林木市场”。

大规模的工作队陆续撤出，县里派出精干的指导组到各区帮助走好这一步。

对开放林木市场，我们心里没有底，怕“一本账”及“三证”（采伐证、销售证、外运证）形同虚设，市场开放失控。长期以来，林木市场要么一管就死，要么一活就乱，问题就在于没有找到一个把“管”和“活”结合在一起的“连接点”。

8月7日，我带着秘书科长刘同焱来到重点林区的包家乡寻找连接点。

下午走访了一些农户。晚上，我们在包家乡召开有乡村干部、群众代表参加的座谈会。大家兴致很高，建言献策，情真意切。青年农民刘和新发言，讲了他家按县里要求建“一本账”，清清爽爽；按“三证”执行，不打折扣。接着，转过头来问我：“我家自营山上的树，经过批准采伐后，允不允许我自找货主、产销见面?”

我答道：“那恐怕不行吧。那样容易把‘一本账’搞乱。”当时，我的思想还停留在“原木由林业部门公司一家经营，把小材小料、成品半成品放活”的框框中，因此，不赞成他产销见面的要求。

他又提出：“如果林业部门的公司价格低，自找的货主价格高。我不愿卖给林业公司，但愿按规定到林业公司缴纳税费，办理销售手续，还允不允许产销见面呢?”

他的一席话，讲得合情合理呀，既没有摆脱公司对“一本账”的统一管理，又产销见面，实现了放活、增收的目标。这种模式，不正是我们长久以来苦苦求索的“管”与“活”的“连接点”吗?

接着，大家围绕刘和新的建议进行讨论，都认为他的意见在理，只要这个公司中规中矩，按章办事，这个设想就可行。

座谈会结束时已是深夜。新的思路、新的收获，令我们兴奋不已。当天晚上，我和刘同焱就住在乡政府，深山里的夜，静谧无声。夏秋之交，凉爽宜人。我俩毫无睡意，继续讨论“连接点”的一些细节，觉得这个思路逐步明晰。

经过一夜讨论，一个赋予新的职能、新的经营管理方式的组织机构，在我们的胸中逐渐明朗，这就是：在开放林木市场之前，乡成立林木经营公司，县成立总公司，作为开放林木市场的前提。此时，已是凌晨三点，我们才安心睡觉。

第二天一觉醒来，又开始紧张工作，我草拟讨论提纲，刘同焱起草文件初稿。我们急于再听听别的乡村意见，坚信办法就在群众中，下一站座谈会选在道义乡。

临行前，我与江启新通话，确定下午召开常委、县长联席会，将从群众中找到的办法提交会议讨论，进入决策程序。

小车迎着朝阳，在江淮分水岭源头的山路上疾驰，我还嫌车速太慢。我们心潮起伏，热血沸腾，举止近乎疯狂，不到一个小时，就来到了道义乡政府。乡党委书记知道我们的来意后，立马召集开会。人还未到齐，我就宣布会议开始。讨论异常热烈，偶有争论，不出所料，最后意见趋向一致：成立林木经营公司的设计方案，可行！

下午县里召开的常委、县长联席会，同样很热烈，对“连接点”的思路都表示认同，重点转向讨论组织机构的职能和设置。会议决定：一、乡成立林木经营公司，县成立总公司。乡公司由一名副乡长兼任经理。公司人员由原森工系统划入，不足部分从农民中招聘。二、乡公司是乡政府领导下的一个全新的经济实体，不再隶属林业部门，是“一本账”的抓总组织，承担林木经营和管理两项职能。独立核算，自负盈亏。三、经营程序。林木销售，先由林农持“采伐证”到乡公司销账，交纳税费。在此前提下，可以直接出售给乡公司，也可以持“销售证”，议购议销，产销见面。出县要持“外运证”。凡符合“三证”的购销，都是合法的；没有“三证”的，视为“乱砍滥伐”，一律管死。后来，干部群众将这一做法形象地称之为“一道闸，多渠道”。

联席会还决定两件事：一是近期召开全县“三干会”，统一思想，部署“三证”控制下开放林木市场。二是从本月中旬开始，开展“法制宣传月”活动，进行群众性的法纪教育，为有序开放林木市场营造良好的法制环境。

9月20日，“三证”管控下的林木市场正式开放。那天，在县城的大街小巷和农村集市，多部法制宣传车往来穿梭，不停地播放国务院的文件和县里的通告，播放有关山林管理的法律法规。县里派出的指导组到各林木交易现场，观察动向，解答疑难，部门协调，确保市场有序开放。

群众像过节一样，穿上节日盛装，有的载歌载舞，表演乡土节目；有的在家门口噼哩叭啦地放起了鞭炮；有的走亲访友，结对帮扶，谋划未来；也有干部登门慰问在过去管树过程中伤害的群众，冰释前嫌。整个林区呈现一派喜气洋洋景象。

五

以林木市场开放为主要内容的林改第三步有序开展以后，我们领导层对林业工作仍紧紧抓在手里，毫不放松。

此后两年，根据形势变化和上级文件精神，我们对林业改革政策作了某些调整和完善，把指导思想调整到“以营林为基础，保护和发展森林资源上来”。

我们把它理解为林业改革的第四步。具体内容是，调整林种结构，大力发展经济林、果木林、药材、食用菌等短期有收益的、能解决群众燃眉之急的产品。这些短线产品与杉树、松木等长线产品互为补充，构成山场林业经济。以短养长，长短结合，与农民的脱贫致富紧密挂钩。外地把短线产品称作“林下经济”。

如何走好这一步？我们除虚心倾听经验丰富的群众的言传之外，还特别重视农林专家、学者的理论探索与技术指导。

在凉亭乡蹲点时，我早上起床后，习惯于到大院子后面山上溜达一圈。一天早上溜达时，突然从林子里钻出一个人来，脸色黧黑，头发蓬松，胡须粗长，破衣烂衫，莫非是传说中的“野人”？

来人看我正在犹豫之际，主动上前一步，自我介绍：“我是安徽大学生物系老师，来大别山采集植物标本。”他把身后几大捆植物标本打开给我看。我心中的疑虑慢慢打消，开始与他热情攀谈起来。

他叫何家庆，安大生物系副教授，搞植物分类学和药用植物学研究的。他出生于1949年，家境贫寒，父亲拉板车挣钱供他上学，他才得以进入高等学府深造，因此，他深知群众的生活艰辛。为了让专业知识服务于经济，用知识的杠杆撬开贫困山区的致富大门，三个月前，毅然决定自费徒步考察大别山。他走了鄂豫皖三省十多个县境，登千米以上山峰上百座，采集标本上千种。宿山洞、住牛棚，常常在荒山野岭，忍饥挨饿，靠野果为生。听到这些后，我对他陡生敬意，向他伸出大拇指，夸他是“中国的脊梁！”

我邀他一道到乡政府美美地吃了顿早饭，并让他好好地泡了个热水澡，这对几个月来食野果，与蛇虫为伴的他来说，简直是一种奢侈的享受！

我让县科委、县林业局出面接待，派车把他接到城关休息。经过一番准备，他给县机关干部作了一场“山区资源开发与林种结构调整”的报告，为我们走好林业改革第四步开阔视野，增长知识。此后，我们还多次请他来岳西县，为发展经济林、果木林作现场指导。何教授心系农民群众，把毕生精力贡献给林业科学和农村脱贫致富事业。

发展经济林、果木林、药材、食用菌等短线产品，与市场紧密接轨，显著地改变着山区的面貌，使我们对经营山场的兴趣更浓，底气更足；也促使我们更加注重发挥科技人才的作用。

当时，县林业局有个副局长叫周体英，是1968届安徽农学院毕业生。他对发展经济林、果木林很有研究，“胸中有全局，手中有典型”，抓了山楂、猕猴桃、板栗等几个样板。知道这些情况后，我经常请他来介绍情况，又几次带他下乡考察。这本是很正常的事，可是县林业局局长产生错觉，以为县委要让这个副局长来取代他的位置，于是产生误会。听到这一情况，我去省委党校学习前专门找这位局长谈话，肯定他在“两山并一山”中发挥的积极作用，称他是有功之臣。同时，指出他现在有些跟不上发展，希望他好好干，说县委没有撤换他的想法。待我从省委党校学习回来，发现他变本加厉，闹得更凶，以至于影响林业局正常工作。我们不得不果断做出决定，撤了他的局长职务，从区委书记中挑选了一位被公认为能力很突出的同志来主持林业工作。我们关心的是山区发展的路子，而他却只关心自己的“帽子”，误了岳西县的大事，那怎么行呢？这个实例表明，我们调整林种结构决心大，不是停留在口头上。

岳西的党政领导和广大人民群众一起，从山区实际出发，探索出一条林业改革与发展的路子。我深知，这条路不会平坦。我甚至预感到，或迟或早，要经受来自体制内和体制外的斗争与挑战。

六

1985年的春节，岳西县林改后的第一个春节，与往年有些不同。林区大部分农民手头宽裕了，抱彩电、买冰箱较为普遍。那些尚未通电的村组，对山外信息、对国家大事、新鲜事特别关心，手头活络点，首先想到的是买台收录机。三洋牌收录机特别受欢迎，每台六、七百元，对月工资几十元的机关干部来说，都是天文数字，而对率先致富的农民们来讲却小菜一碟，抢到就往家里背。

春节，家家张灯结彩，喜气洋洋。挂年画，贴对联，是乡村的传统习俗。写对联，不只书写那些传统的对联，还有的人根据自己的喜好现编现撰。

包家乡一户农民自己创作一副对联，请人写好贴在自家门上，特别引人注目。上联："翻身不忘共产党"，下联："致富不忘王道成"，引来乡邻围观。信息很快传到我耳朵里，我感到忐忑不安，把我这个普通的干部与组织并列，十分不妥。我让办公室同志买两幅画将对联覆盖起来，并转告这位农民，把山场管育好、发展好，就是对县委、县政府最好的回报，也是对我最好的肯定。

林业改革得到了林农们的支持和拥护，从根本上调动了造林、护林的积极性，为林区、林业的长远发展打下了坚实的基础。林农们一改过去依靠政府管理的被动做法，日夜守山护林，林区秩序稳定。往日一片死寂的山林如今变得生机盎然，为林农们带来了丰厚的收入，成了真正的绿色银行，林农们长期的怨恨、哀叹，已经化为了幸福和欢笑。

据1987年国家统一组织的森林资源清查结果显示，以二祖山、多枝尖、明堂山、四望山为中心的四大重点林区，森林蓄积量增加，森林覆盖率达80%以上。林业部门描述为："林相整齐，分布均匀，保护较好"。美丽乡的森林覆盖率达到94%以上，林相基本回到1957年大炼钢铁时林木被毁前的状态。凉亭乡森林覆盖率达到72%，比改革前的1983年上升36%。上述数据显示，从总体上看，林业改革对森林资源保护、对科学合理利用资源的作用十分明显，成果斐然。

说到成果，不同看法总是存在。外界有人发出疑问：分山分林到户，恐怕会影响发展集体公益事业或旅游经济。他们不了解山区的真实状况，看不到林农的积极性被调动起来后，相互促进、相得益彰的那种无与伦比的内生力量。

事实胜于雄辩。四大重点林区之一的明堂山，在林改之后若干年着手旅游开发，大获成功，为国家、集体、个人三者利益同步显现，经济效益、生态效益、社会效益完美结合，作出了最好的诠释。

七

说到成果，值得大书特书的是，"制（止）乱"的效果显著。从林木市场开放后的多年情况看，山区出现从未有过的稳定，"乱砍滥伐"这顶戴在山区人民头上多年的不光彩的帽子，被抛到九霄云外。

林改一开始，一些人预言，这下林子保不住了，山要砍光。出乎人们意料的是，经过这场改革，山不但没有砍光，反而看管得比以往任何时候都严。农民把“自营山”看成是自己的“致富山”，由过去的“要我管”变成了现在的“我要管”；由过去的少数人管，变成现在的多数人管。一些边远村组的农民自觉搭起棚子看树，这是过去少有的景象。过去农民看到偷树，不闻不问或是向公社、乡（1983年改乡）报案，叫你当领导的去查、去管，现在发现了偷盗，户主积极查访，非要追回不可，并呼吁上级政府给予大力支持；过去外地人进山驮树常年不断，现在因树价高，这种驮树人不多见了，出现的是一批懂行情、善经营的木材商，他们在我们“一本账”管理之下，从事合法经营。林改前，人们最讨厌他们，称之为“二道贩子”，现在我们的看法改变了，把他们看作是“搞活林区经济的有生力量”。

“乱砍滥伐”，是山区改革开放初期一大社会问题。当时的大背景是，农业责任制的推行，在平原、丘陵地区立刻见效，而在山区效果不明显，这里农民普遍缺粮缺钱，这是一方面情况；另一方面，城乡建设启动，木材代用品少，社会供需矛盾突显；再加上整个社会管理松动，山外人进山挣钱谋利，比比皆是，与急于换粮糊口的山里人里应外合，无孔不入，致使山林遭到严重破坏。20世纪70年代末、80年代初，党中央、国务院对发展林业、保护森林资源、制止乱砍滥伐，连续发了多个《决定》《规定》要求各级党委、政府和相关领导干部严格执行，对执行不力的层层追责。

在这个大背景下，我的前任书记方仲文，1978年5月到岳西任职。他遇到的第一个问题是，每天山外成百成千的人从四面八方涌进山里，驮树、偷树，蚕食山林，如洪水猛兽。

怎么办呢？方书记首先想到的是加强护林组织，严防死守。县里成立护林指挥部，县长亲任指挥长；区、公社成立护林委员会，大队、生产队建立护林小组；全县配备护林员5000多人。那时，林农把山林看成是“官林”，看到偷砍偷运的，似乎与己无关，只知道报告政府。很多地方为了对付林区乱象，组织民兵甚至使用猎枪护林，每年总要死伤几个人，这种人命关天的大事，在当时的特殊背景下反倒视为正常。

方仲文同志受责任感的驱使，身先士卒，常常带领机关干部通宵达旦，上山管树。他习惯于趁吃晚饭时，来到机关食堂点兵点将，陪他一起上山，还给每人配备一根红棍子。一开始，大家都兴致勃勃，县委书记亲自出马，我们还有什么理由不去？时间一久，一年、两年下来，就坚持不住了。后来机关食堂开晚饭，一些人总是姗姗来迟，有意躲避方书记“点将”。

刘同焱，那时担任方书记的秘书，随方书记亲自上山管树，体验、见证了那几年管山护林的艰辛。他记得1982年12月份的31天中，有十二个晚上没有睡觉。作为身强力壮的年轻人都感到承受不了，年过半百的方书记，那种苦苦支撑的艰难就可想而知。其中一天晚上，天上飘着鹅毛大雪，方书记来到黄羊公社的大坳，在路口截获十五个偷运木材的。刚处理完毕，也许是雪地路滑，再加上劳累过度，他突然摔倒，掉进了离路面两米深的菜地上。同行的几个人一齐使劲才把他抬上小车，送到医院。

自那次摔倒以后，方书记的背部疼痛日益加剧，经多方治疗，仍未好转。后来到上海的医院治疗，想不到半年后竟不幸去世，撒手人寰，永远离开了我们。岳西人民怀念这位书记，钦佩管山护林的吃苦精神，但人们对他管山护林方式有疑议，称他为“木头书记”。

方书记和各级护林组织，在那个年代把行政手段已用到了极致，但乱砍滥伐未能制止、甚至有增无减的事实，向我们提出一个尖锐的问题：到底是靠行政手段，以“红棍子”治乱有效，还是权、责、利下放到位，以价治乱、以流通治乱有效？显然是后者而不是前者。这就清楚地告诉我们，如何最大限度地发挥人的内生动力，调动农户的积极性、创造性，是执政党须臾也不能忽略的大问题。

八

林业改革没有先例，是在探索中前进。改革，就是除旧布新，必然会冲击传统观念，打破固有的利益格局，遭到非议、责难甚至反对。作为主推者，我深陷改革激流与旋涡中，自然不会轻松。

首先，要应对那些习惯于按“红头文件”办事的同志质疑与责难。有人向上级写信，说我尽干些讨好老百姓的事，不把中央文件当回事，不把上级放在眼里。

其次，省、地领导机关和林业主管部门，在听取林业改革的请示时都表示认可，一旦真正实行，就态度暧昧。特别是随着时间的推移，尤其是中央高层人事变动，省领导层对岳西改革随之出现两种态度。

省政府主要负责人和林业厅长吴连通对岳西的林业改革持不支持态度。时任省政府主要负责人在一些场合还是说过一些不中听的话，不过当岳西大规模地进行林业改革时，他并没有出面阻挠。由于林改触动了部门利益，省林业管理部门负责人林业厅长吴连通，不仅思想上抵触，行动上也对岳西的林改进行阻挠。

省委书记黄璜和副书记王光宇、袁振对岳西林业改革一直持支持态度，尤其是袁振对岳西改革情有独钟，对我本人也是呵护有加。这种背景下，我到省里汇报工作或办事，进省委大院，从上到下，笑脸相迎，温暖如春；而进省政府大院，从上到下，冷若冰霜。省级机关的这种奇特氛围使我感受很深。我们当时的工作环境如何，可见一斑。

再次，县里几大班子，对要不要开展林业改革早已形成共识，在推进过程中也步调一致，但随着时间的推移，尤其是中央和省里大环境的改变，逐渐出现裂痕。

1987 年元月，胡耀邦同志辞去总书记一职，一时间，全县上下人心浮动，议论纷纷。一些好心人为正在如火如荼推进的林业改革担忧，为我个人的政治命运担心；也有一些人幸灾乐祸，认定我王某某这下子要跟着倒霉了。他们断定，小人物的命运往往会随着大人物的命运起伏跌宕。当初，你拿胡耀邦的批示做旗帜，现在看你怎么收场？还有人捕风捉影，编造谎言，说我被哪里批评了，甚至说我被关进了班房。这种局面严重地干扰了我们工作部署，给管山、护林造成很大的压力。

我在县里时还算平静，我一离开或出远门，就“后院起火”。

1988 年 9 月，我奉命到苏州参加国务院扶贫办举办的贫困地区经济开发管理培训班。这期间，枯井园国营林场发生一起群众性的哄抢事件，轰动全县，以致全省的林业系统。

枯井园国营林场，位于县城东北面的主簿乡境内，与潜山县毗邻。林场属于自收自支的事业单位，受省、地林业部门和地方政府的双重领导。林场只有十来个职工，要经营管理方圆数里、面积近两万亩的林地，人手严重不足。加上众所周知的原因，国营林场职工管山护林与“两山并一山”林改后林农管理自家自营山的责任心不能相比。正是这些管理上的疏漏，导致周边一些人经常到林场偷砍偷伐，有一天本地及外地成百人进山，林场职工制止不住，最终酿成哄抢事件。

对于哄抢国营林场事件，县乡领导高度重视，采取果断措施及时予以制止。经过紧张的侦破和司法程序，9月中旬，县政府带领县公安局、县林业局等部门在主簿乡召开千人大会，对哄抢林场的刑事犯罪行为，公开处理，当场逮捕4人，拘留11人，这对打击破坏森林犯罪分子的嚣张气焰、维护林区秩序十分必要；组织电视台对处理林业案件大会进行录制播放，借此开展法制宣传教育，也十分必要。

但是，这个经过一些人做了手脚的新闻稿，1988年10月14日在《安徽新闻》播放5天后及1988年10月19日晚，在中央电视台《新闻联播》节目中播放，让我十分气愤。

新闻节目中，首先展现在人们眼前的是枯井园林场几个光秃秃的山头，电视画外音愤慨地谴责这些山场被犯罪分子哄抢以后的惨状；接着，插入在主簿乡召开的处理林业案件大会的盛况；紧接着，电视画面将岳西县委、县政府关于林业改革的文件逐一曝光，把有关章节一页页掀开，再划上几道红杠杠，说“违背中央政策法规”；最后，点名批评“岳西县委主要负责人”胆大妄为，标新立异，“打着改革的旗号，搞什么‘两山并一山’”，导致乱砍滥伐，使山林遭受严重破坏。

电视台播放的新闻稿，最后将哄抢事件归结为林改政策造成的结论，完全是错误的关联。

如前所述，岳西林业改革是集体林权的改革，国营林场没有纳入这次改革的范畴。国营枯井园林场发生哄抢事件，与林改没有任何关系。别有用心的人移花接木，硬要把它与林改扯在一起。本来是报道枯井园林场遭哄抢的稿子，通篇却找不到“枯井园林场”的字样。

哄抢国营林场事件属于刑事犯罪，这与通常意义上的群众“乱砍滥伐”完全是两码事。这则新闻稿，却把两者相提并论，并把局部事件影射为岳西全局性问题。

哄抢国营林场的刑事犯罪，任何时候都应该打击，从领导到群众认识上没有分歧，行动上没有障碍，怎么能牵扯到“岳西县委主要负责人”身上呢？怎么跟岳西推行的“林改”挂上钩呢？

这个新闻稿是极力反对林业改革的势力捣的鬼。对群众真心拥护的林业改革，吴连通们能够拿得出来的撒手锏，扣的大帽子是“乱砍滥伐”。但乱砍滥伐，果真是林业改革造成的吗？岳西县林改后出现的乱砍滥伐，真的比改革前严重了吗？听听岳西工作在第一线同志的声音吧。

1988 年 11 月 10 日，岳西召开有县、区、乡、村负责人参加的林业大会。我从苏州培训班专程请假回来参加大会。吴连通也参加了大会。

地处重点林区的来榜区委书记汪卫国顶住压力，细数改革带来的新变化，给围剿者们以迎头痛击，他说：“‘两山并一山’林业改革，给我区林业注入了新的活力，活跃了林区经济，使林农得到了实惠，从木材经营中尝到了营林的好处，从内心激发出护林、管山的积极性，筑起一道‘钢铁长城’，这才是振兴山区的永恒！”

汤池区委书记储德江在大会发言中，对将乱砍滥伐归咎于林业改革，针锋相对地予以反击，他说："乱砍滥伐不是什么新问题，非自改革始，非独岳西县！把这个归咎于林业改革，是不客观的。"

凉亭乡党委书记汪维孝对资源消耗有个客观、中肯的评判，他在发言中说："这些年，在'三证'管控下的木材经营，总体很好。少数地方森林资源消耗过量，也是事实，但是，这些消耗都变成了群众的实际收入，进了群众的腰包，使一些特困户渡过了生存难关，这与过去宁可放在山上烂，也不让砍、不让流通，是有本质区别的。"

这次县林业大会仍然高举"一个稳定、两个调整、三个必须"的大旗，统一思想，部署工作。"两个调整、三个必须"是针对当时认为存在的问题提出的，虽然有些过头，但总体精神不错。难能可贵的是"一个稳定"，即稳定现行林业改革政策！有了这个，保证了分山分林到户、还利于民的改革大方向不变，避免了"翻烧饼"，阻止了历史的倒退。

在大会文件起草过程中，县委办公室主任胡颂扬和副主任汪时清、刘同焱发挥了建设性作用。他们不避嫌疑，不听信流言蜚语，不看眼色行事，站在党性立场、人民大众立场，坚定地捍卫岳西林业改革的成果，响亮提出"一个稳定、两个调整、三个必须"，在危急时刻，发挥了稳定大局、保持政策持续性的作用，为岳西的改革发展做出了历史性贡献。他们起草的文稿提交县领导层讨论、定稿时，大家都投了赞成票。

第四章 公道自在人心

一

1988年底，我随中国科技开发山区考察团到意大利考察，结束十几天的考察行程，回到岳西。人刚刚坐下，就听说组织上要将我调离，令我震惊。

几个月前，中央电视台《新闻联播》节目批评稿的影响，以及吴厅长在县林业大会上施压，在岳西干群中造成思想混乱。就在我们最需要上级领导站出来澄清事实、给予支持，以稳定人心的时候，恰逢安庆地、市机构合并，人事变动。新任市委书记方兆祥还不认得我，听信一面之词，决定将我调离。

据外界传闻，吴连通在这中间起了催化剂作用，他利用与方在中央党校同学的关系，专程到安庆找方告状，直截了当对方书记说：“把岳西那个不靠谱的书记，给我搞掉!”

1989年的新春佳节快到了。时近年关，寒风彻骨。一天，正式接到市委通知，我来到市委会议室，桌子四周都坐得满满的，啊，是常委集体找我谈话。分管组织人事的洪副书记宣布决定，说“根据工作需要”，调我到市农委任副主任。

听了这个决定，我顿时心如刀绞，我主持的林业改革正在完善，我的兴林脱贫、兴林致富的路子正在爬坡阶段，怎么就让我中途下火线呢?

洪副书记宣布完毕，等我表态。我认为岳西的改革大方向上没有错，我本人积极改革没有错，我底气十足，大声道：“第一，你们今天这个决定，是经不起历史检验的！因为你们不了解岳西特殊的社会、历史背景和独特的自然环境；不了解岳西改革是被穷困逼出来的，你们对山区老百姓的疾苦没有切肤之感。你们的决定，只能使亲者痛，仇者快。那些保守习惯势力们要高奏凯歌了；第二，用人上，欠公道。”似乎怕人家没听懂，我还重复了一遍。“第三，你们的嘴大，你们的决定，我服从，好吧？过去抛家离子，整天跟群众泡在一起，顾不了家。现在，你们高抬贵手，让我有机会带老婆、孩子逛逛菱湖公园（安庆市区最大的公园）了，感谢你们！”说完，拿起提包就走。

市委副书记桂性达，曾与我在一个单位工作，私交较好，他一把拉住我，说：“老王，不能这样，这是常委会呀！要冷静，冷静！”我被拉回座位上，慢慢冷静下来了。会议室里鸦雀无声。

方兆祥书记开始说话了，说了许多安慰的话，我没听进去，只听清几句：“你走得太快，人家跟不上，你再回过头来做人家工作，多累呀。现在给你调整一下，对你有好处。”

第二天，市委洪副书记和组织部刘部长陪我去岳西，干什么呢？宣布市委决定，开一个规模不小的干部会议。洪副书记讲话，反复强调是“正常调动”，他越说人们越觉得不正常。好了，只能随各人自己去理解吧。

最后，让我发言，我说什么呢？我用了几分钟，说两个意思：“首先，感谢各位，这五年来与我一起，按小平同志改革思想，并肩战斗，干了几件事。这几件事，是对是错、是好是坏、是成是败？只好交由历史去评判了！再就是，我这个人哪，谋事不谋人，不善于保护自己。请各位从政的同志，引以为戒。”我用眼睛扫视一下台下，看见参加会议的同志都神情肃穆，有的人在用手擦着眼泪呢。

他们说的“正常调动”，在我家庭引起强烈震动。我妻子看到我一肚子委屈，心里很难受，又无计可施，“何不找省里反映反映?”她提醒了我。

好，去省里走一趟。那是农历腊月23日，正是合肥过小年迎宗接祖之日，她陪我一道去找省委组织部。走进省委大院，直接来到省委组织部，见了刘部长，刘部长推说有事，叫找耿副部长。好大一会儿才见到耿副部长，我开宗明义，向她陈述我的委屈：“我按十一届三中全会精神办事，所作所为没有错；岳西林业改革是被穷逼出来的，群众拥护，没有错。”耿副部长望着我，面无表情，没等我说完就发话：“组织上对你的安排，也没有错!”

耿副部长的一句话给我当头一棒！既然这样，那还有什么好谈的呢？我沉思良久，起身告辞。低声下气求人，不是我的性格。

走出省委大院，我长长地舒了一口气。我一手提包，一手挽着妻子，漫步在夜幕笼罩下的长江路上。一阵刺骨寒风从脸上掠过，耳边不时响起市民迎祖的鞭炮声。

“你在想什么?”我妻子见我默默无语，主动与我搭腔。我说：“我这次悟出了一个道理：从来就没有什么救世主，求人不如求己!”我妻子安慰我想开些，看远些，路还要一步步往前走。我说：“对！东方不亮西方亮，黑了南方有北方。”当晚，我俩住在难得一见的三哥三嫂家，把一切不愉快的事丢到九霄云外，同兄嫂一起推杯换盏，怀宗念祖，过了个温馨的小年。

所谓的“正常调动”，在岳西也引起了强烈震荡，一下子把很多人带进困惑与痛苦中。他们以各种方式表达他们的不满和对我的感情，有些场景一直留在我的脑海里，成为永远激励我前进的动力：

——送行。听说我要走，离县城六七十公里的凉亭乡六位农民代表专门乘车到县城为我送行。我到几个区去辞行，他们就住在岳西饭店等候三四天。见面后，看到他们对上级的决定愤愤不平，我言不由衷地向他们解释，与他们一一握手告别，对他们苦等几天，表达感激之情。

如梦的太阳从群山里升起，衙前河上的薄雾飘飘忽忽，扑朔迷离。此时，还不到上班时间，县委大院里里外外挤满了人，有科局长、一般干部、老干部，还有普通市民、工人和农民。这些自发前来送行的人越聚越多，一下子来了好几百。县委大院里空气沉闷，没有欢声笑语，没有大声喧哗，有的只是低声地互祝问候。

我们的车终于启动了，在大家的招手致意中驶出了县委大院。带上车的是被褥、行囊和两纸箱书籍、资料，基本还是五年前来时的那些物品，所不同的是多了干部、群众送来的十七块匾额——那是岳西人民的一片心意啊！

干群赠送的匾额

——**挽留**。听说我要调离，宋子海、金洛祥等几位离退休老干部到省委上访，请求省委让我再留任几年。宋老是革命南下的老同志，离休前是县科委主任，我来县时，他已退了。他身体尚好，常下乡转转，对农民的喜怒哀乐了如指掌。他去省里上访，带去农民的呼声。省委接待处的同志解释说，是“正常调动，经省委同意的”，留任已无可能。宋老他们很气愤，在省委接待处同志面前，对现在领导机关用人不察、官僚主义进行了严厉批评！

——**撑腰打气**。一直关心岳西改革的袁振同志，由省委副书记转任省顾问委员会主任以后，还心系岳西百姓，不忘到岳西调研、考察。卸任后，中央安排他去北京休养。他能诗会画，在书画界也很有名气。当他得知我被免职、调离时，义愤填膺。他从北京给我打来电话安慰我。送了我几幅他的书法作品，一幅为：“梅花铁为骨，绿竹虚作心”另一幅是：“把酒东篱下，又见菊花黄。此花不怕苦，年年斗寒霜。”后来，又送了我一幅《劲松》图，陡壁悬崖岩上，一棵青松傲然屹立。袁老的良苦用心和炽热情怀不仅深深感染了我，也激励我重新振作起来。

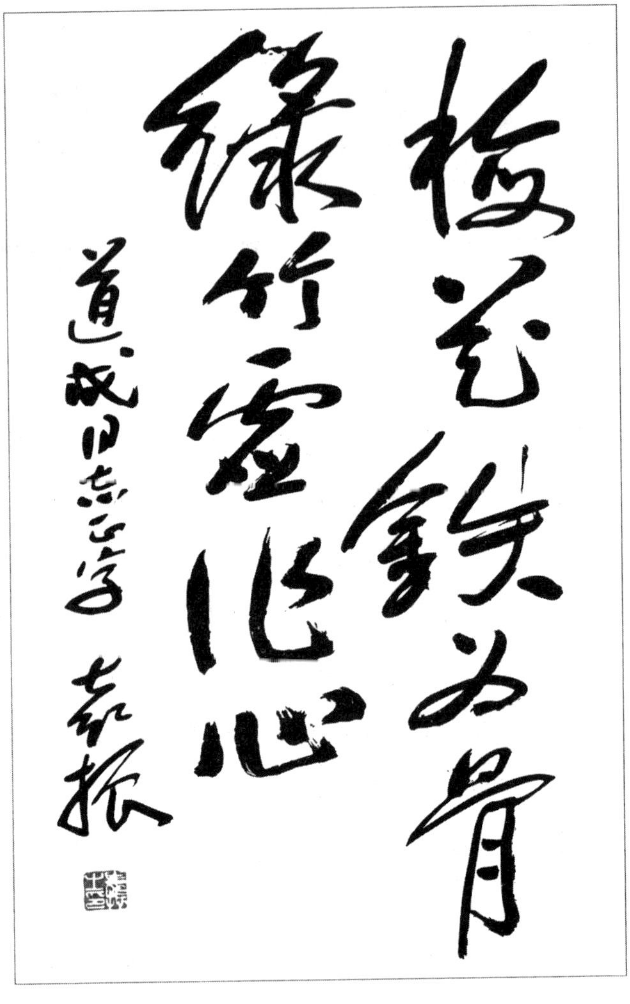

原省委副书记袁振书赠作者："梅花铁为骨，绿竹虚作心"

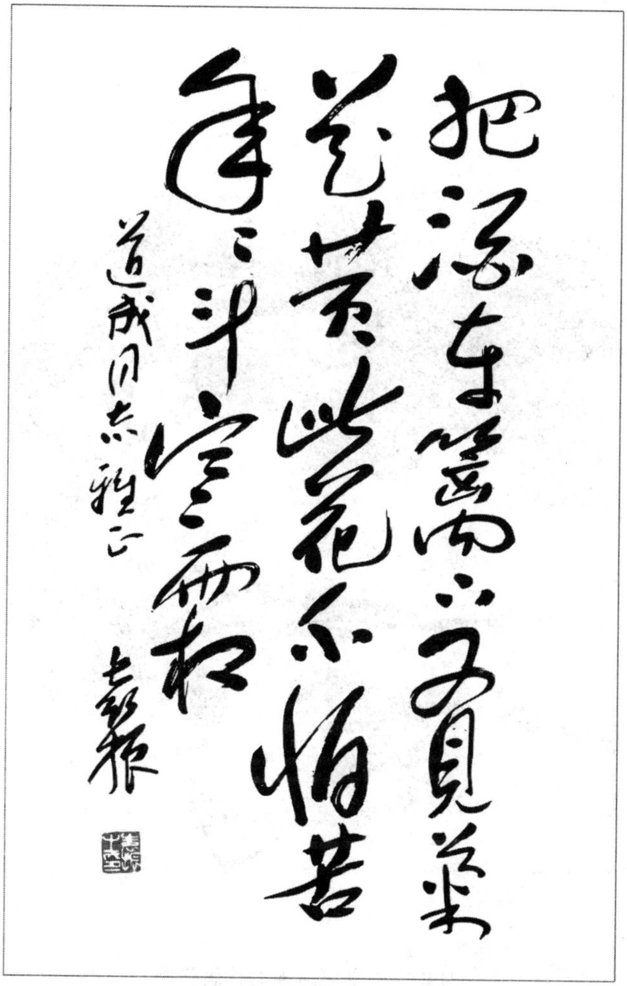

原省委副书记袁振书赠作者：

“把酒东篱下，又见菊花黄。此花不怕苦，年年斗寒霜。”

原省委副书记袁振为作者作画

——送“礼”。我离开后，还常常挂念在脱贫致富最前线、日夜辛劳的农民，岳西农民也没有忘记我，尽管城乡阻隔，交往不便，还是有三三两两的农民，把自己缝织的土布鞋送我试穿；把自己生产的土特产送给我品尝。姚河乡象形村农民倪世伦，响应县里“大力发展经果林”号召，大面积种植板栗，在县里表彰会上被评为“板栗状元”，我给他挂过大红花。我离开后，他总想要表达心意，板栗上市时，采摘二十二斤鲜果，贴上十元二角钱的邮票从邮局寄给我。由于地址写得不准，邮递员不好找，寄出两个月才收到。一看，包裹被老鼠啃吃了不少，还咬了个大窟窿。我一直将这个破包裹珍藏在身边，它是无法用金钱买到的啊，它时刻提醒我永远不脱离群众。

二

离开火热的工作第一线，我回到安庆城区的家中，一下子感觉轻松了很多。人们说，家庭是港湾，一点儿不假。人生的航船在外颠沛流离，现在回到平静的港湾停靠、休整，别有一番情趣。那些年，我在外工作，妻子一人撑起这个家。我们有一儿一女，都还年幼，她一面工作，一面操持家务，没有一句怨言。有时骑着自行车下班，前面兜里坐小孩，后面挂个液化气罐，颠颠簸簸，实属不易。

我现在回到家中，她虽为我感到委屈、不平，但还是发自内心的高兴。每天下班回来，她带着儿子、女儿一起找我聊天、谈笑，活跃家庭气氛。一个周日，全家一起去长江边游览振风塔。我在安庆安家有十几年了，大街小巷比较熟悉，但对这座历史文化名城的文化底蕴，没有时间细细品鉴、研究。现在闲下心来，正好补上这一课。

我们爬上享有“万里长江第一塔”美誉的振风塔。这座明代建筑，据说是为振兴安庆文风而建，临江而立，气势宏伟。“塔影横江”，是古代安庆的八景之一。

从宝塔下来，打算回家。我家住在“状元府街”，状元府街斜对面是“锡麟街”。锡麟街，是为纪念推翻清廷在安庆牺牲的徐锡麟烈士命名的。

那是1907年，光复会成员、安徽巡警处会办兼巡警学堂监督徐锡麟，趁巡警学堂毕业典礼之机，策划、组织枪杀安徽巡抚恩铭，并率领学生军起义，攻占军械所。激战4小时后，徐锡麟失败被捕，在抚署东辕门外被刽子手杀害，临刑时表现出视死如归的英雄气概。

今天，站在锡麟街白色石碑亭前，我触景生情，心胸也逐渐变得宽广起来。革命先烈们为追求真理，抛头颅，洒热血，视死如归，我们遇到一点小波折，又有什么想不通的呢？

没有一种痛苦能够天长地远，一切都将成为过去。回家后，我把自己关在了书房里，将近来所见所闻、所思所想记录下来，算是在思想上做个总结吧。

三

回到安庆后，曾与我在几个地方一起工作的老同事、老朋友都来看我，当然来得最多的还是岳西县的同志。孟庆银，储德江、胡颂扬来过好多次，同我谈心叙旧，谈古论今，使我心胸宽广了许多。

对这次调任，我一度有些想不通。在亲朋好友的开导下，心情慢慢好转。直到方兆祥的到来，才把我的心结彻底解开。

一天上午，我正在埋头看书，市委书记方兆祥和胡秘书一道上门来看我，胡秘书手里还拎着两瓶“古井贡酒”。

我将他俩迎到客厅坐下，客厅里堆放着的岳西干部、群众送的十七块匾额一下子将他们吸引住了。方书记一一翻看。这些匾都是岳西人民对我的褒奖，其中有什么“爱民书记”“金子到哪里都放光”“一身正气，两袖清风”等等。方书记似乎有所触动，他推心置腹地和我交谈了一个多小时，劝我先到农委上班，等一段时间再做考虑。

送走方书记，我头脑慢慢冷静下来，自我反省。眼前的局面，也不能完全怪组织，从自身找找，也有很多不足之处。如改革中遇到一些难点与棘手问题，当领导的身先士卒，没有错，但不分主次，把所有矛盾揽于一身，用一把手的职责和使命来衡量，肯定有失偏颇。还有，在用人上，重才轻德，尤其是对阴阳两面人分辨不清，给事业造成负面影响。

整理好思绪后，第二天，我就到市农委去上班。奇怪，刚走出家门，就看见分管工业的蔡副市长在门口等我，说送我去上班；到了市农委门口，又有分管农业的张俊模副市长迎接我，弄得我怪不好意思，心想：“这或许是方书记特意安排的。”

张副市长曾是我刚参加工作时的老领导，对我一直很关心。到农委上班后，为了让我尽快适应新环境，他三天两头带我下乡转转，还喜欢跟我开玩笑，其实是帮我总结经验教训。说我以往工作中旗帜鲜明，没有错，问题在“太鲜明了”！他的话一针见血，使我永志不忘。

市农委，很多同志我都熟悉，主任钱让能大名鼎鼎，与我关系非同一般。他20世纪60年代在太湖县委宣传部工作，爱民心切，斗胆向毛主席写信，“保荐‘责任田’”，毛主席将他的信批给其他中央领导传阅。我从岳西县调离后，人们把我给胡总书记写信与钱让能给毛主席写信联系在一起，说安庆“六十年代出了个钱让能，八十年代出了个王道成”。

我到农委不久，因夏雨连绵、内涝严重，就被抽到防汛第一线，任同马大堤防汛指挥部指挥长，驻皖河巨网闸。我的主要任务是负责皖河大堤那一段。

皖河，发源于大别山多枝尖，经岳西、潜山、怀宁，到安庆西门流入长江。怀宁老县城——石牌镇以下河段，统称皖河。我曾经对此河做过探访，有些熟悉。这次在此任指挥长，自然要尽职尽责，确保不出问题。我带领市水利部门同志在巨网闸安营扎寨，日夜巡查，对险工险段组织民工加固，严防死守。虽然工作很紧张，但感到充实、愉快。

一天，接上级通知，省委书记卢荣景要来考察灾情，检查工作。我按惯例，一是对上级领导的到来，十分重视，接待不怠慢；二是准备好工作汇报，“一是一，二是二”，不掺水分。

这天上午接近中午时分，卢书记一行在怀宁县委、县政府领导陪同下，从石牌镇沿皖河大堤由西向东而来。我们前去迎接，陪同到险工险段检查。卢书记就防汛方面的工作问长问短，我都做了回答，我们有说有笑，备感轻松。

在陪同领导行走中，我注意到一个情况，就是怀宁县领导派来几十人、上百人沿几十里长的皖河大堤分兵把守，昔日堤上散放的猪呀、牛呀，一个都不见了。这些，他们没与我通气，我被蒙在鼓里。

时过中午，卢书记一行及怀宁县领导，还有我们市里领导，在巨网闸驻地简单吃了顿午饭。饭后开会，我重点汇报，怀宁县补充汇报，就等卢书记作指示。卢书记在讲话中一再提醒我们，汛期尚未过去，防汛工作不能放松。他还对指挥部工作、地方政府工作给予了表扬，并说道："你们管理得井井有条，就连散放的猪、牛都给看管起来了，比别的江堤、河堤上做得好。"

听了卢书记的讲话，大家都很高兴。但卢书记刚走，那些怀宁县安排的分头把守的百十来人立刻撤退，猪牛又在大堤上悠闲地吃草了。看到眼前的一幕，我心里别有一番滋味，如此应付上级检查，我是很不赞同的。

防汛结束后不久，市委考虑调整我的工作。

一天，市委组织部刘部长来征求我意见，拟提名让我到某某局当局长，我说："某某局我不去，让我到市委政研室去吧？"刘部长表示可以考虑，说一定把我的意见带给常委会。时隔一天，市委常委会就通过了，任命我为市委政研室主任。

四

到市委政研室上班，是我自愿的。此时是我从政路上的低谷时期，但我调整很快，不气馁，不懈怠，对工作的热情丝毫不减。

在政研室一干就是五年。这五年来，我从不向我的同事们讲述往事，好像什么事都没有发生过。我一心一意为市委当参谋，起草文稿，研讨发展思路，忠实履行市委智囊团的职责。

20 世纪 90 年代国家正着力进行治理整顿，压缩基建，势头很猛。

我认为，国家东中西部地区发展极不平衡，治理整顿对全局是必要的，但对安庆这类农业占主导的地区，不能“一刀切”，我提出“外延扩大（上项目）与内涵改造并重”的观点，为市委所采纳。那几年安庆各项建设没有停顿，有些方面步子还迈得较大。

改革开放伊始，安庆有一个叫“开源”的民办公司，“破墙”开店经商，闻名遐迩。以开源公司为代表的一批新办集体经济异军突起，带动个体私营经济的发展，也名声在外。在治理整顿中，这类公司遭到清算，经营陷入低谷。对此，我组织精干力量到开源公司实地调查，帮助其解决存在的问题，并向市政府“整顿办”出具书面报告，肯定新办集体经济的大方向，为开源公司正名。

1990 年 5 月，省委常委集体来安庆做“皖江开发开放”调研，这是一次引起轰动的大动作。我给市委书记起草的汇报稿“发展思路”部分，明确提出“工业立市”战略，引发内部争论。首先是市政府施秘书长不赞成，他按照“一农业、二工业、三财贸、四加强领导”的老套套，把我们的稿子改得面目全非，我们当然不能接受。事情闹到市委书记那儿，方书记出面调解，他要求我们吸纳多方意见，对文稿再做些文字修改。得到市委领导的首肯后，政研室同志兴奋不已。当天晚上，办公室灯火通明，加班加点。我们反复推敲，字斟句酌，群策群力，如期完稿，直送方书记手里。

方书记又亲自动笔，加工润色。在省委集体调研会上，方书记的汇报得到与会省级领导一致认可。皖江开发开放，有力地推动了安庆经济、社会发展，尤其是工业化水平有一个明显提升。

贯彻省委集体调研会的过程中，市里成立了十多个“系列开发项目组”，我还兼任意大利杨树系列开发项目组组长，协助筹建市中密度纤维板厂。一时间，我把外人看来有职无权的市委政研室搞得红红火火。我还到省委办公厅、省委政研室召开的会议上作过经验介绍呢！

五年的调研生涯，要说做了多少工作、有多少贡献，不足挂齿，但对我个人的成长、锻炼，却是无价的。

我常带领政研室骨干上山下乡调研，既听会上干部汇报，更注重民间走访、街谈巷议；还几次组织“笔杆子”走南闯北，到东南沿海及内陆兄弟省市学习、取经，向市委提供建议报告。独特的经历，使我养成爱动脑子、爱思考的习惯，对一些重大社会问题、政策问题，总要琢磨出一个一二三来。

作决策，我坚持从实际出发，从大时代的走向出发，从人性出发。思考、评判问题，我爱用“两把尺子”，一看民心向背；二看实践检验。用这两把尺子观察社会，屡试不爽，使我受用终身。我常挂在嘴上的一句口头禅是：“什么最有权威？实事求是最有权威。离开实事求是的权威，只能是沙滩上的塔！”

如果说人们一般都注重执行“球规”，我呢，在重视执行“球规”的同时，更热衷于修改“球规”。改革，就是修改“球规”。修改“球规”自有它的乐趣，可不比执行“球规”那么顺畅，那么容易，机会与风险共存吧。前些年，在岳西高举改革旗帜，修改“球规”惹的“祸”，至今还是岳西干部、群众的热门话题。

在政研室期间，我与方兆祥书记的接触多了起来，有次交集，令我难忘。调离岳西后，我两年多没有回去，虽然与那里干群交往不断，但对回岳西我却有意回避。一天，方书记要带领市计委及工农财各主管部门负责人去岳西视察、调研，点名要我参加。我不好拒绝，只能随去。方书记坐小车，我们其他人坐大巴，一路上有说有笑，嬉嬉闹闹。大家都说我是回娘家。的确，岳西的山山水水我太熟悉了，全县有 61 个乡镇，我都到过，有些还是步行去的。离开这么久，仍然有一种难以割舍的感情。

市委书记带领一大帮人马来，岳西县委、政府领导班子忙得不可开交。听说我陪方书记回来了，消息迅速传开。我们住在县委招待所（后改名大别山宾馆），方书记住二楼东头 215 大套间，胡秘书住 216 房间，我住 217 房间，在方书记的斜对面。晚上可热闹了，县领导班子都先后到方书记房间，看望、汇报、谈心。

看望完方书记，干部、群众成群结队也到我这边来谈心。两年多没见面，有说不完的话，但房间小，坐不了几个人，后面在排队，先来的只能自觉地停留几分钟。房间木门有点特别，为防蚊虫进来，门外镶了副纱门，一进一出，纱门的铰链旋转就会带出刺耳的金属声。从晚饭后，到深夜两点，来了几十批、上百人，不知发出了多少“吱——呀”声！

我们所住的招待所，是五十年代修建的。这里背靠花果山，茂林修竹，空气清新，是接待上级来人的理想住所。但今夜有些特别，那近乎有节奏的“吱——呀”声，伴着干群的欢笑声，在楼内楼外回荡，为这个招待所的清幽之夜增添了些许别样的趣味。

第二天早餐桌上，方书记兴致很高，调侃我：“道成，这次你领我到岳西，你倒热闹，我可倒大霉了，通宵未眠呢！”我知道书记所说的含意。我说：“不好意思，昨晚打扰你休息了”你一言，我一语，轻松愉快。

方书记是一个很勤奋、善思考的人。不知他想过没有，经他亲手签发的调令，至少也有几十份、上百份吧，为什么唯独这个“正常调动”有那么多的不同？

方书记从岳西视察回来后，找我谈事多了起来，不光谈工作，也谈生活、谈做人，我们的关系日益融洽起来。

五

1992年春，小平同志南方谈话发表以后，改革，从南到北在祖国大地迅速升温。岳西县人民对当年那场轰轰烈烈的林业改革重新思考，重新认识。一个时期，街头巷尾议论纷纷。作家余一闻讯赶来，对那场改革进行实地采访，写了篇长篇报告文学，题目叫《深山风乍起》，刊载在《清明》杂志1993年第1期上。作家热情讴歌那场改革，对保守习惯势力扼杀蓬勃兴起的改革之风，予以抨击，提出一些发人深省的问题。

此前，作家温跃渊以《为了生者和死者》为题，集中描写本人给中央写信和岳西林改的全过程。温是1981年最早撰写“小岗红手印、凤阳大包干”的知名作家。他为小岗村十八户农民冒死按红手印、冲破旧体制求生的勇敢精神，热情歌颂。

1986年，他又以敏锐的目光发现山区林业上的新动作。于是移师岳西县，与林农朝夕相处，对岳西林改的全过程和林农的喜怒哀乐进行全方位的刻画，笔触细腻，情节生动，给人留下深刻印象。也给人们重新认识岳西改革提供思想启迪。

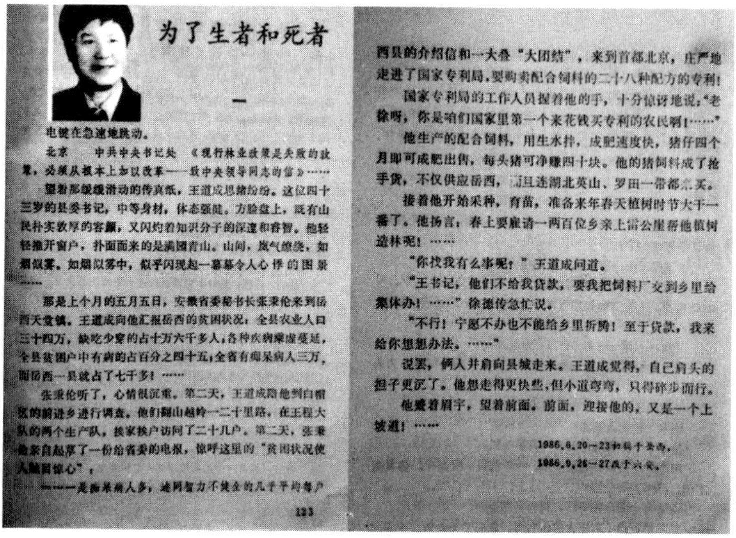
为了生者和死者

一

电键在急速地跳动。

北京　　中共中央书记处　《现行林业政策是失败的政策，必须从根本上加以改革——致中央领导同志的信》……

望着那缓缓滑动的传真纸，王道成思绪纷纷。这位四十三岁的县委书记，中等身材，体态强健。方脸盘上，既有山民朴实敦厚的容颜，又闪灼着知识分子的深邃和睿智。他轻轻推开窗户，扑面而来的是满园青山。山间，岚气缭绕，如烟似雾。如烟似雾中，似乎闪现起一幕幕令人心悸的图景……

那是上个月的五月五日，安徽省委秘书长张秉伦来到岳西天堂镇。王道成向他汇报岳西的贫困状况：全县农业人口三十四万，缺吃少穿的占十万六千多人；各种疾病乘虚蔓延，全县贫困户中有病的占百分之四十五；全省有痴呆病人三万，而岳西一县就占了七千多！……

张秉伦听了，心情很沉重。第二天，王道成陪他到白帽区的前进乡进行调查。他们翻山越岭一二十里路，在王程大队的两个生产队，挨家挨户访问了二十几户。第二天，张秉伦亲自起草了一份给省委的电报，惊呼这里的"贫困状况使人触目惊心"：

——一是痴呆病人多，连同智力不健全的几乎平均每户

123

西县的介绍信和一大叠"大团结"，来到首都北京，庄严地走进了国家专利局，要购买配合饲料的二十八种配方的专利！

国家专利局的工作人员握着他的手，十分惊讶地说："老徐呀，你是咱们国家里第一个来花钱买专利的农民啊！……"

他生产的配合饲料，用生水拌，成肥速度快，猪仔四个月即可成肥出售，每头猪可净赚四十块。他的猪饲料成了抢手货，不仅供应岳西，而且连湖北英山、罗田一带都……

接着他开始采种，育苗，准备来年春天植树时节大干一番了。他扬言：春上要雇请一两百位乡亲上雷公崖帮他植树造林呢！……

"你找我有么事呢？"王道成问道。

"王书记，他们不给我贷款，要我把饲料厂交到乡里给集体办！……"徐德传急忙说。

"不行！宁愿不办也不能给乡里折腾！至于贷款，我来给你想想办法。……"

说罢，俩人并肩向县城走来。王道成觉得，自己肩头的担子更沉了。他想走得更快些，但小道弯弯，只得碎步而行。

他蹙着眉宇，望着前面。前面，迎接他的，又是一个上坡道！……

1986.6.20－23初稿于岳西。
1986.9.26－27改于六安。

温跃渊与《为了生者和死者》首尾页

这时，安庆市人民也开始关注岳西林业改革，关心我个人的政治命运。

随着安庆市第十二届人代会筹备工作展开，社会上对我进市政府班子的呼声日益增高。当时，参与筹备的有关领导和工作人员对全国人大颁布的相关法律悉心钻研，依法办事。地方人大组成人员和地方政府领导人员《组织法》，其中有"十人联名"推荐候选人的条款。规定各级人大和政府的副职，差额选举；正职，等额选举。这就为那些多年来为我鸣不平的同志推举活动提供了法律依据。

1994年4月，安庆市人代会开幕，各代表团集中住在宜城饭店。这个饭店位于菱湖公园旁边。此时还是春风又绿江南岸。公园里，杨柳吐绿，桃李绽放，而代表们却无心欣赏，全神贯注于会议。除了听报告、讨论发言外，最为关注的是两场选举，一是选举人大主任、副

主任；二是选举市长、副市长。

大会开幕前，先召集人民代表中的共产党员开会。党员大会上，省委组织部耿副部长宣布了候选人的名单，说候选人都是经组织部门反复考察、省委认定的优秀人选。

言下之意，希望党员代表们投票支持。接着，她批评某市人代会开糟了，说把省委批准的候选人选得七零八落，不是组织提名的选上5个。有的代表当场质问："某市的选举结果，你省委不是也认可吗?"她无言以对。

紧接着，分组讨论"选举办法"，看法不一。提交大会举手表决，赞成的不很踊跃，有投反对票的，有投弃权票的。投弃权票7票，其中，主席团中占两票，尤其引人注目。这两票，一是上届副市长、现任市人大副主任；一是城区区委书记、本次城区人代会代表团团长。

市人代会按预定议程，进入选举阶段，首场选举市人大主任、副主任。人大主任是等额选举，省委批准了一名候选人，没有竞争对手。本以为该候选人会顺利当选，哪知"天有不测风云"，把副主任候选人张俊模高票推到主任位置上，主任候选人落选。接下来，进行市长、副市长选举。我虽未列入省委批准的候选人名单，但是会内、会外很多人要求提名我为候选人。人代会组织者高度紧张，加强对联合提名名单的防范。岳西代表团负责人积极落实上级指示。因我在岳西工作过，许多代表了解我并认可我过去在岳西的工作，希望提名我为市长副市长候选人，但现任岳西县委书记并不希望如此，它曾是我荐举到县委副书记的职位上但看到我的林改政策遭到林业部门的抵制，我的仕途受到挫折，他急于与我划清界限，甚至与我的对立面沆瀣一气，否定我们正确的政策。在市长联合提名上，他与任岳西代表团团长的方县长一起防范我被提名。

人代会进入酝酿市长、副市长候选人阶段，想提名我的岳西代表碰到一个难题，就是拿不到大会秘书处统一印制的《推荐表》，跑了几趟，才知道控制在方团长手里。万般无奈，代表们只得拿起法律武器，请律师进行法律咨询。被聘请的储洁印律师，找到方团长，据法力争，总算为岳西代表争来了《推荐表》。

按大会秘书处通知，联名推荐的截止时间为当日下午3点整。当天，方团长将岳西代表组织到会议室学习文件，想把截止前那段时间填满。支持我的代表们借口去上厕所，偷偷把“十人联名”表签好，由储桂芝送去大会秘书处。

时间到了3点整，方团长洋洋得意地高声宣布：“学习到此结束！”大家哄堂大笑。此时，“十人联名”推荐我为副市长候选人的《推荐表》已经送到市人代会，精心设防的方团长全然不知。

各代表团的推荐信，都按时汇集到大会秘书处。大会共组成十二个代表团，八县、三区各一个，部队、武警单设一个。推荐我当候选人的“十人联名”共八个，七个推荐为副市长候选人，一个推荐为市长候选人。大会组织者约见我，首先对有这么多代表推举我表示祝贺；接着要我对接下来的选举表个态。我说：“一、不参加市长竞选；二、副市长嘛，交给代表去选择吧！”

第二天上午，大会投票选举，我高票当选为副市长。关键时刻，“退一步，海阔天空”。市长退选，使我与省市领导之间的距离一下子拉近了。由于我是代表们直接推举当选的，所以很多人称我是“民选市长”。

这次市人代会，我高票当选为安庆市副市长不仅给我个人还了个公道，也从客观上为岳西林业改革正了名。

六

岳西林业改革的正确性，在以后的历史进程中，也从不同层面不断得到验证，不断得到肯定。

首先是，福建省永安市洪田村于1998年5月开展“分山分林到户”，被“中国农村改革之父”杜润生誉为“林业改革第一村”。新闻媒体作过宣传报道。岳西的改革，比洪田村早14年。

其次是，2008年7月，中共中央、国务院发出《关于全面推进集体林权制度改革的意见》。岳西的改革，与此文件精神吻合，用国家林业局林改领导小组副组长黄建兴的说法，“是一脉相承”。从政策层面，岳西的改革，早24年。

与中央有关改革的文件精神“一脉相承”，只是事情的一个方面；还有另一面，就是岳西县林业改革的成功为中央林权改革文件的形成提供过借鉴、做出过贡献呢！这其中经历的事情很多，过程有点长，且微妙复杂，让我一件件道来：

第一件事，岳西林业改革开展之时，震惊全国，惊动了国家林业主管部门。林业部立马派出调查组，深入岳西深山老林，广泛听取群众意见，并同县领导班子接触，从理论和实践上进行探讨、交流，个中免不了争论，有些还很激烈。调查组对岳西改革给山区带来生机与活力，无可否认，但认为做法“离经叛道”。然而，随着时间的推移，岳西的改革实践正逐步在林业主管部门得到认可。

第二件事，1984 年 12 月，也是岳西林业改革的主要措施落地之时，接国家林业部通知，邀我到福建三明市参加“全国农村林业经济体制改革学术讨论会”。我是作为“把林权下放到户”的典型特邀与会，并安排专题发言。

福建三明市有关县乡在会上介绍林业股份合作制。讨论中，众说纷纭，大家都说股份合作制设计得很好，但操作很难。而我的发言，是实践后货真价实的东西，我娓娓道来，引起强烈反响。

“三明会议”让我眼界大开，有机会听到各种观点与争论，了解山区的路到底怎么走，全国还处在探索之中，使我信心更强，底气更足。

山区的路到底怎么走？过去很多年份，一切归集体，搞“大呼隆”，使山区变成穷山恶水、苦不堪言，就不用多说了。改革开放以后，不少地方作过一些探索，但总体来说，林业主管部门，包括一些林业专家、学者在内，都跳不出陈旧思维，“坐在房子里主观主义地制定政策、规定办法”（胡耀邦语），先后出台过林业“三定”、林业股份合作制等等，并且借助行政权力强力推行，致使“北方一把火，南方一把刀”的混乱局面愈演愈烈，天怨人怒，雪上加霜。历史宣告这些政策彻底破产，乖乖地败下阵来。这其中的教训，就是不敢触及林权，不敢确立林农的主体地位！

而岳西呢，早在二十四年前就从林权上动手术，将山场经营自主权、林木所有权、活树转让权，下放到户，变“官林”为“民林”。岳西的做法，经受住了历史的检验，为国家在探索林业发展路子上，提供了宝贵的经验，为 2008 年中央、国务院出台林权制度改革文件，打下了坚实的实践基础。这是岳西党委、政府和广大人民群众为国家改革事业做出的宝贵贡献！

三明会议合影

再次，2011 年 12 月，国家林业局林改领导小组副组长黄建兴率领安徽省林业厅副厅长、安庆市林业局副局长一行来到岳西县，进行总结性调研。大家对岳西改革成果，倍加赞赏。黄建兴说，要把岳西继续作为全国林改的综合试点，把岳西继续作为林改的试验田。

最后，2012 年 3 月 21 日，国家林业局邀请我去北京给局机关的同志作林改专题报告。我以当年改革亲历者、组织者的身份，发表演讲，赢得林业主管部门同志的一致赞扬。岳西改革，过去了二十七年，经过继任者们的努力，有林地、森林覆盖率、活立木总蓄积量三个数据全面上升，其中活立木总蓄积量比改革前提高一倍。应该说，现在的岳西是山清水秀，林茂果丰，与平原丘陵地区的差距，大大缩小。林业改革不但没有毁林，还保护了森林，为旅游开发奠定了基础，其中最引人注目就是明堂山旅游区。

明堂山旅游景区，方圆五十余平方公里，区内古木参天，佳境深藏。景区占地3.47万亩，共涉及125个农户的自营山和一个国有林场的山场。农户流转给景区的山场面积1.56万亩，与农户签订的租赁合同为50年。国有林场流转给景区的山场面积为1.9万亩，参照农户一样签订了租赁合同。依法依规流转，权、责、利都很透明。

景区每年拿出门票总收入的8%，作为旅游发展的红利分给农户和林场。以2017年为例，景区总计拿出61.3万元进行分配，其中农户分红27.6万元，林场分红33.7万元。明堂村杨湾组最多一户山场面积250亩，每年分红超1万元。

景区股份有限公司董事长韩华，大学毕业后到广东惠州自主创业，把厂办得红红火火，成为当地明星企业。在积攒了雄厚的资本后，他以敏锐的眼光，看到家乡岳西林改后的青山绿水，旅游资源丰富，开发前景广阔，决定回乡投资。景区从2004年开始建设，2007年4月建成开园。

出人意料的是，一向无人问津的明堂山，一下子火热起来。特别是2016年高空栈道建成开放以后，游客量呈倍数增长。2017年景区接待游客量超过40万人次。旅游旺季，为安全起见，还得对进园游客数量进行限制呢。

开园以来，村民结合明堂山的独特资源和地理位置优势，大力发展农家乐产业。现在景区周边已有四星级农家乐三家，二星级农家乐八家，总计农家乐数超160家，已形成以农家乐为主、民宿等为一体的综合旅游产业链，为每户增收数十万元。景区大门口所在的南河村界岭组原属于远近闻名的贫困村，现在所有农户皆经营农家乐、民宿，年纯收入突破 100 万元的有二家，最少者年纯收入也突破 20 万元，成了远近闻名的小康村、富裕村。

农民得利的同时，景区开发者们也收获颇丰，且呈逐年增长之势。2017 年收入超过 6000 万元，上缴国家税收突破 1000 万元。经济效益显现，荣誉接踵而至，先后获得国家 4A 级风景名胜区、安徽省级森林示范旅游景区等荣誉称号。

景区开发者，与农户、林场相互联手，取长补短，共谋发展。在林改后的山场上做出如此漂亮的大文章，使国家、集体、个人一齐上，林改成果，大放光芒！

安徽教育学院李教授熟知我的经历，得知国家林业局邀我作林改专题报告，更是兴奋不已，他以《一个冷落深山二十七年的林业改革典型拨云见日》为题撰文，在网上发表，对国家林业局为一个改革典型重新肯定与评价，点赞称好！这一举世瞩目、备受争议的林业改革，总算画上了一个圆满的句号。

第五章

在当副市长的日子里

一

到市政府上班的第一天，我穿上西装，打上领带。过去在基层，穿着随意，与环境合拍，是必须的；现在在城区工作，注意装束，也要适应，马虎不得。政府办的同志老早就在政府大院门前迎接我。

秘书王泽辉是一个灵活、厚道的小伙子，将我的提包之类行李抢先送上楼。我同大家一一握手，说："今后还靠大家支持、配合、关照哦！"大家相互介绍，互祝问候，甚是开心。

我过去来过政府大院多次，并不陌生，只是今天感觉有点儿不一样，或许，今天我已是这里的一份子吧。我告诉自己，要尽快融入这个集体，发挥自己的价值。

大院坐落在市区北二环，青松翠柏环绕着两座主楼，前楼是委办局办公场所，后楼就是市政府。两边还有辅楼，餐厅、宾馆、洗衣房、健身房、乒乓球室，一应俱全。大院北面和东面分别被小西湖和大湖环绕，碧波荡漾，景色宜人。

我把办公室收拾、整理好后，就来到政府会议室。周公顺市长热情欢迎我，同我简单地聊聊回乡探亲情况，不一会儿，政府常务会就开始了。

周市长主持，首先进行领导分工，安排谁分管什么，就领回什么，没有什么好讨论的。接着，他提纲挈领地宣讲这届政府的主要任务，要求副市长们，立足自己分管的业务，围绕市政府的主要目标、任务，创造性地开展工作，力争任期结束时向全市人民有一个满意的交待。

我被安排分管文教卫、血防、地方志和计划生育，涉及十个委办局。接受任务后，我与分管的各单位负责人分头接触，了解和熟悉相关业务。经过一段时间，我觉得教育（学校）与卫生（医院），是联系人民群众利益最紧密、最直接的两部门，工作好坏，直接关系到党和政府“为人民服务”宗旨能否落到实处。作为政府的一个成员，我对所分管的相关工作都要尽职尽责，但全面审视之后，决定把重心和主要精力放在教育和卫生上，尤其教育是重中之重，在这个领域要有新作为。

二

安庆教育基础好，清朝时期的桐城派影响深远，“富莫丢猪，穷莫丢书”，是这里的优良传统，再富裕的家庭都要养猪，再困难的家庭都不放弃读书。在我的极力倡导下，市委、市政府从安庆优势出发，明确主打教育牌，响亮提出创建“教育强市”口号。

目标有了，工作就要紧跟。在第十一个教师节之前，我来到市教委，把领导班子召集在一起，想听听他们对教师节活动的安排与打算，力图通过教师节活动提振“尊师重教”的社会氛围，促进教育发展。

大家争先恐后发言，有的说：“有些地方教师工资不能按月兑现，开个座谈会，听听意见可好？”有的说：“危房改造，有的地方欠账很多，可不可以在座谈会上，讨论一些解决办法？”还有的说：“教师职称评定工作，问题不少……”

没等他们说完，我就打断他们的话，说：“全国教育工作会开得这么好，主攻‘两基’（基本实现九年义务教育；基本扫除青壮年文盲）达标，把教育提到前所未有的高度，你们怎么还稀里糊涂，老调重弹？

给了你们机遇，你们不会抓住！?”

看我言辞犀利，参加座谈会的人一个个露出惊愕的神色。我加重语气继续说：“当务之急是，鼓舞士气，重振雄风，把这次教师节活动规模搞大，规格提高！你们讲的问题，谁不知道？只有在‘尊师重教’氛围形成过程中解决问题！”

我的几句话，把大家震醒了。接下来，他们相互议论一阵子，都说是这个道理。这样，一下子把教师节活动的基调定了下来。在此基础上，由他们具体讨论活动安排，把已经部署过的优秀教师评选工作纳入教师节活动之中。

教师节那天，市委、市政府在人民路大会堂举行千人大会。会堂内外，张灯结彩；大街小巷，“尊师重教”之类的横幅随风飘扬。会议规模大，规格高，到会的市级领导干部十九名，是过去很少有的。大会由我主持，市长周公顺和市委书记汪石满一个作主题报告，一个总结讲话。他们讲话热情洋溢，受表彰的优秀教师及与会的机关干部和学生代表都备受鼓舞。会后，优秀教师参观了新建的经济开发区，还进行了一些研讨活动，内容丰富多彩。

紧接着，我们组织力量，瞄准创建“教育强市”的目标，起草《关于教育改革和发展若干问题的决定》，花了不少时间。初稿出来后，经过多轮征求意见，反复修改，然后提交市委常委、政府联席会议讨论。

与会领导对文稿字斟句酌，对“‘两基’达标期间，有限度地开征教育附加费”一条，讨论得特别认真。大家清楚，“两基”达标，教育经费缺口较大，不从各方面集中财力攻关，目标难于实现；同时，也很清楚，这次开征的用途、期限、幅度都有明确规定，没有违背国家关于“减轻群众负担”文件精神。讨论的结果，该条款还是得到大家一致认可。

只是对文稿中另一条，即“从教满三十周年的男教师和二十五周年的女教师退休后按100%计发退休金”有不同意见。经反复讨论、斟酌，最后还是通过了原稿中我们提出的建议，作为分管领导，我打心眼里高兴。

会议一结束，我就到省委党校学习去了。多日后，我打电话给王秘书，催问文件印好没有？王秘书说：“文件已铅印好，不过，退休教师工资那一条，改了。男、女教师教龄分别改成三十五年、三十年。”

我一听，糟了，退休时达到这个教龄的比例很小，若文件按这样发下去，人家不是要批评我们是要花招吗？不行，我打电话给市委办秘书科，叫文件暂不发出，等我回来。我向省委党校请假，回到安庆，直奔汪书记办公室，我向他讲了几点看法，并用数据说话，终于将他说服了，印好的文件被销毁，重新签发。

我又回到党校。可此时的心情却是“人在曹营，心在汉”哪！我还在惦念着文件的事。一连几天没接到文件，我预感到大事不好。这时，正好接到王秘书打来的电话，说：“文件是印出来了，又打了折扣。不是100%，是95%！”我有点抱怨书记了，对再改回来已没有信心，便对秘书说：“我下午回市里开计划生育会，到时再说吧。”

市计划生育汇报会，规模不大，时间半天，主要是检查督促上次会议落实情况。散会时，汪书记、周市长一右一左坐在我身边，我还是不忘那份文件的事，试探性地问一下结果。

话音刚落，周市长开口了："我看还是按原来确定的条款办吧，不要打折扣了。建'教育强市'，没有一些'干货'怎么行呢?"他讲了我想讲又不好开口的话，我心里不知有多痛快。第二天，汪石满重新签批的文件终于印好了。这个文件的出台，波波折折，两次销毁，三次付印，可谓好事多磨。这是第三次啊，总算出台了!

文件下发后，各地立即掀起贯彻落实的热潮，教职员工精神面貌焕然一新。中小学教学条件大为改观，危房改造、体育场地扩大、教师工资兑现、职称评定、民师转正等具体问题都逐一得到解决。尤其是教师退休待遇那条，特别引人注目，人们看到的不只是加几个钱的事，是整个教师队伍地位的提高，这对稳定教师队伍、鼓励教师终身从教，立竿见影。优秀人才要求进教师队伍的趋之若鹜。从长远来看，这对国家的振兴也大有裨益。

文件上报省里，立马得到省教委、省政府的肯定。四个月后，省政府发出《关于加强基础教育的决定》，将安庆关于退休教师待遇那一条，原封不动地搬进去了，令我们高兴万分。

接到省政府的《决定》后，有一天，我来到汪石满办公室，不等我开口，汪石满就高声说："省政府的《决定》我看到了。吸收我们的东西不少，要归功于你呀!"

我说："不，还是书记开明纳谏的功劳!我这个人哪，有时有点执着，不大讲策略，请书记理解、谅解哦!"

汪石满说："你一心为事业，又有超前意识，我服了你!可惜，现在像你这样的同志太少了。"他同我紧紧握手，许久才松开。我眼圈红了，心里对他充满感激。

三

安庆的教育质量好，远近闻名。优质中学多，高考升学率高，每年本专科录取人数占全省近四分之一。安庆老百姓有个形象的比喻：每年走出去的，火车要拉好几趟；毕业后回来的，一个中巴（车）就够了。这种情况，不可避免地影响安庆经济、社会的发展，表明职教发展短腿，普教、职教发展不平衡，中等教育结构严重失调。

如何调整中等教育结构，在稳定普教的同时，更多地为本地培养实用性人才呢？是我首先要考虑的问题。

上任之后，我下决心扭转这种局面，但我十分清楚，改变安庆教育的现状，光靠开几个会，硬性撤掉一些普高，增办几所职高是不管用的。简单的增减只是表面文章，还可能引起老百姓的反感。我在思考，能否制定一些优惠激励政策，通过政策引导，让老百姓自己选择，尝到甜头，得到实惠，逐步克服以致扭转“重普轻职”的思想呢？

有了这个框架性认识之后，我多次走访基层，召开座谈会，广泛听取方方面面的意见，尤其是劳动、人事等相关部门意见。还打算走出去，学学人家成熟的经验。

经与国家教委联系，得知河北省职教发展快，职高办得好。我们要走出去，首选河北。我带领八县分管县长和县教委主任，还有市劳动、人事、财政等有关部门负责人，一行三十多人直奔河北。

首站是河北邯郸，该市分管教育的副市长全程陪同考察，县委书记做经验介绍，还引领我们实地观看职高缝纫班、护理班、厨师班、驾驶班现场教学与操作，欣赏职高舞美班精彩表演。

接着，我们又一路考察高碑店、南宫、石家庄等市、县职教中心和实训基地，得到河北省人大科教文委负责人及各地政府和职校领导满腔热情的接待与讲解，使我们眼界大开，不仅身临其境感受人家增强动手能力的教学现场，还讨获许多经验总结和政策性文件，带回参考。

考察结束总结会上，我们集思广益，明确提出全市职教“五个一”的发展规划，即每县集中财力、物力，办好一个职教中心：中心占地100亩，建筑面积1万平方米，招生规模1000人，投资1000万。

回来后，我们又趁热打铁，从本地实际出发，制定政策性文件。为了争取时间，我准备自己动手起草文稿。

哪知遇上天公不作美，秋雨绵绵，江河、湖泊秋汛严重，防汛中心工作压倒一切。市政府把我们几个副市长临时抽调到防秋汛第一线，分兵把守，我负责桐城县的防汛工作。抽调去搞中心工作，一年总有那么几次，我们都坚决服从，从不懈怠。自己分管的工作，只有见缝插针，结合进行。起草职教文稿，就是在出差途中完成的。

那天，去桐城的途中，我和秘书王泽辉在车上开始讨论职教文件提纲。到桐城县后，我们与县里负责人一起上堤，全身心地投入防汛护堤工作中。晚上，住进县委招待所，夜深人静之时，我和王泽辉又拣起文稿，一条条推敲、修改，花了两个晚上时间，总算将文稿写完。经过市教委及相关部门补充、修改后，我们把文稿提交市政府常务会讨论。

文件初稿明确规定三项激励政策：一是办好职业中专班，妥善解决学历问题；二是农村户籍学生，入学一律转为商品粮户口（当时国家尚未放开户籍政策）；三是实行联合办学，由人事、劳动部门推荐就业，并办理相关手续。这些政策措施，在当时很超前，也够大胆的。

在市政府常务会讨论时难免有不同声音，我据理力争，最后还是通过了。我清楚记得，周公顺最后拍板："好，就这么定下来，试行一年再说！"

有趣的是，会后一个多礼拜文件还没出来，我去找市政府秘书长询问情况，秘书长神秘地向我伸出四个指头，意思是有四位副市长不赞成市长签发。

对此，我有些诧异，很严厉地对秘书长说："家有家长，政府班子有班长，我们周班长怎么定的，你不在现场吗？"他答："我在呀，是定下了，讲试行一年再说。"

第二天，这个文件总算出台了，以"宜政发（1994）20号文件"印发，题目叫《关于进一步办好职业中学若干问题的意见》。文件上报省教委，得到上级的肯定。

随即，在全市兴起一股报考职校的热潮，文化底蕴深厚的安庆大地上刮起一阵职教旋风。尤其是农村孩子，他们奔走相告，激动万分，因为这些政策为他们打通了进城读书，获得城市户口，能在城里就业的绿色通道。

职业学校迎来大发展，校校都要求扩大招生，在校学生人数连连飙升。

据后来市教育文献统计：截至2008年，八县均建成职教中心，连同市第一职教中心，共9个，完成了当年我们制定的发展目标。九个职教中心占地面积达1300多亩，建筑面积达34万多平方米，在校生规模达到22000多人，总投资达2亿多元。

职教中心作为当地职教综合办学实体，发挥了上挂、下联、“横辐射”的特殊功能，带动了全市职教的发展。中等职业学校发展到58所，其中国家示范学校3所，国家重点学校7所，省级重点学校6所。全市中职在校生达到9万人，为当地企业、事业单位输送了大量实用型人才。

四

卫生事业，是一项惠及民生的宏伟事业。我接手分管时，各地都比较重视，正在花大气力抓“农村卫生三项建设”。

农村卫生三项建设是国家1990年初为改善农村卫生条件，而统一部署、重点推进的建设工程，即乡镇卫生院、县防疫站、县妇幼保健院的改造建设。

这项工作的推动，国家有标准，中期有考核，后期有检查验收，行政力度大，我们当然要一任接着一任干，切实抓出成效。经过几年努力，各县三项建设虽不平衡，但多数县区面貌一新。

卫生事业涉及范围广，头绪多，任务重。在完成上级部署任务的同时，能不能坚持从实际出发，选择当地广大民众急需，而上级领导还无暇顾及的事情，舍得花气力去突破呢？不是所有当领导的都能做得到。枞阳县分管文教卫的副县长周旭光在这方面很有建树。他心系群众，又有超前意识，在农村“改水改厕”上最早发力。从1988年开始，选择地处丘陵山区的周潭镇大山村作为“改水改厕”试点，帮助村里搞规划设计，具体指导实施，并派人常年住村。

大山村群众对这项事关切身利益的任务，非常积极，也非常齐心。首先是改水，坚持土法上马，在山间筑坝拦水，建成一庞大的天然蓄水池。主水管由政府铺设，各家各户自行安装分水管，接“自流水”入户，既方便，又卫生，结束了千百年来肩挑手提、从塘堰取水的历史。

接着，建公共厕所。将农户分片，二十来户一片，每片建一个男女分开的公共厕所，每个厕所有八至十个用水泥或砖砌成的蹲式坑位。每片安排一个卫生员，一个礼拜洒一次石灰，做无害化处理。粪便属片区内群众共有，发票到户，合理使用。分片公厕，虽然比不上城里抽水马桶，但对农村来说是历史性的突破。昔日蚊蝇乱飞、臭气熏天的尴尬场景从此不再看得到。农民对这些改变非常满意，不仅激发起建设美好乡村的热情，而且对未来发展充满信心。

我接手分管医疗卫生时，周副县长已提升为枞阳县政协主席，他仍然对文教卫事业念念不忘，对“改水改厕”情有独钟。他向我不厌其烦地讲述“改水改厕”的日日夜夜，并陪我到大山村实地考察，使我眼界大开，受益匪浅。我对他把“为人民服务”宗旨落到实处的一股韧劲佩服不已，称赞他为群众办了件大好事，功德无量！

大山村不等不靠，自力更生改善农村卫生环境，代表了新农村的发展方向，值得推广。我为大山村这个典型引吭高歌，奔走呼号。当省卫生厅听取我们汇报后，引起了重视，多次派员进行实地考察，并帮助、完善、提高。

1995 年 6 月，安徽省卫生厅在大山村召开以“改水改厕”为主要内容的“创建卫生示范村现场会”，许占山厅长亲临指导。

现场会那天，来自省直各医疗卫生机构负责人和我们安庆各县分管领导，在大山村看“改水改厕”现场，并走村串户，倾听群众的切身感受。与会者都感到，赶有目标，学有榜样。

这次现场会对各县卫生示范村建设推动不小，首先是领导回去抓试点、树典型，在治理卫生环境上发力；再就是用农民看得见、摸得着的好与差两方面卫生典型开展宣传教育，营造人人讲卫生的良好氛围。通过多年努力，农民卫生习惯、居家环境、健康水平都有所提升。但它毕竟受经济发展水平和财政投入等多重因素制约，不能像抓职教那样，开几个会、发几个文件，就立竿见影。它的发展必然是一个渐进的漫长过程。

大山村这个典型，尽管当时还处于初级阶段，但它导向明确，像一盏耀眼的明灯，指引着农村的发展方向。谁能想到二十年后，国家把“改水改厕”提升到国家战略高度，成为美好乡村建设的重要内容？谁能想到中央高层领导亲自过问“厕所革命”，指导全国发力、攻坚克难？

关注民生，服务大众，是当今社会一个永恒的主题，永远在路上！公职人员，要以人民大众喜欢不喜欢、满意不满意作为衡量自己工作的标准，时刻挂在心上，永志不忘！

五

市政府分工，还安排我分管计划生育工作。计划生育，三项基本国策之一，其重要性不言而喻。这项工作的对象，是最广大的人民群众，“要钱（收费收税）要命（计划生育）”是基层干部最怕的两件事，所以，干部分工时，往往推三阻四，不愿接受。我在市政府分工时虽未推脱，但对自己能不能管好，顾虑重重，信心不足。

我的这种顾虑，来源于此前不久亲眼所见的惊人一幕：一天，我到市立医院看望一位病人，正好遇上一名妇女在医院办公室上吊身亡。看热闹的人群熙熙攘攘，议论纷纷。我问怎么回事？人们告诉我，是市里搞计划生育，对一位怀孕妇女强行做人流手术，又给予罚款，这位妇女不服，以死抗争！事发前，该妇女响应政府计划生育号召，积极上环（节育环），后来感觉异样，怀疑环掉了，主动上市立医院检查，医生检查后，说没有掉。这么大的医院说的话，还没有权威性？该妇女深信不疑，但没过多久，还是怀孕了。计划生育小分队不分青红皂白上门对她采取过激行动，她接受不了，就跑到市立医院来论理。医院推得一干二净，结果出现开头的一幕。

我背着思想包袱扛起了分管计划生育的担子。省里是杜宜瑾副省长分管，工作力度大，全国闻名。他到市、县检查工作，不听一般性的情况汇报，走来就看报表，查数据，再到下面村、组点人头，核实数据。接下来，计算你这里人口出生率多少，自然增长率多少，超生多少，算得你心惊胆战直冒汗。临走前，还要见一下党、政一把手，作些点评，施加压力。大家把杜副省长这套方法称之为“杜氏定律”。

不仅如此，杜副省长还发明一个“关笼子”办法，一改过去评先进为评后进。设十个“笼子”，以县、区（设市的区）为单位，几年评一次，将评出的十个后进单位“关笼子”，实行一票否决。这个力度之大前所未有，为全省计划生育工作的推动，做出了历史性的贡献。但个中对老百姓带来的伤害也难以估量，例如，小分队把超生妇女家的房子扒掉，把猪抬走、牛牵走，弄得倾家荡产。

杜副省长几次来安庆检查、指导工作，我都全程陪同。他对我市工作力度不甚满意，但对我个人还是客客气气，很给面子。他身边工作人员私下对我说："杜副省长对工作要求严格，批评人从不留情面，对你是特例！你的曲折经历帮了忙，他对你很欣赏。"

响鼓不用重敲。杜副省长走后，我在市政府常务会上，主动作自我批评，对计划生育工作落后局面承担责任。会后，在周市长的过问下，经过一段时间准备，部署全市开展计划生育突击月活动，一场攻坚克难的战斗打响了！

突击月中，我带领有关部门下去检查，枞阳县金社乡一件事，令我震惊。一名妇女计划生育超生，在突击月活动中，东躲西藏，基层干部理所当然地全力搜索，终于将她逮到，抬上手术台做了结扎，并处以罚款。这位妇女的母亲不认为自己女儿有多大错，反而认为是人家欺负她，跑到村里大吵大闹，村里干部不会给她好颜色看，声言这是扰乱公务，叫派出所拘留她。她一气之下，跑回家浇上汽油自焚，身上着火后她又不想死，一头钻进水缸，命算保住了，但下身烧得不成样子。看到这个惨烈场面，我一时无语，待回过神来，督促乡、村干部抓紧送医院抢救，我带领检查组匆匆离开。

我们检查组第二站来到桐城县孔城镇的一个村，村书记热情地接待我们，汇报计划生育工作和突击月成果如数家珍。这个村历来工作扎实，力度大，是计生工作先进典型。我请他把先进经验再提炼一下，看看基本经验是什么？他说："计划生育是基本国策，抓起来要稳、准、狠，计划生育怎么搞都不犯法！"他声如洪钟，震耳欲聋，一下子将我吓了一跳。

对基层领导抓工作这么蛮干，“无法无天”，我们采取什么态度？是睁一只眼、闭一只眼，还是晓之以理，动之以情，把他们引上法制化轨道呢？答案只能是后者。

我说：“你们村计生工作很出色，大家辛苦了，我感谢你们，但是书记刚才说‘怎么搞都不犯法’，我不敢苟同。基层工作难做是事实，我也是从基层上来的，与你们有同感，但要讲依法办事，不要动不动采取过激行动，伤害老百姓的感情！”说完，我带检查组礼貌地告辞了。

此时，天色已晚，我们到桐城县委招待所住下，与县领导就计生工作交换意见。我要求他们既要加大力度，又要讲求领导艺术，不搞强迫命令，避免伤亡事故发生。他们嘴上说“好好好”，但我明显感到存在畏难情绪。

晚上，我在床上辗转反侧，夜不能寐，两天来的见闻对我触动太大。从上学到参加工作，天天接受“为人民服务”宗旨教育，可现在我们干的事，常常与老百姓对立，倾家荡产、家破人亡的事，时有发生，我们是否偏离了宗旨呢？还有，如何执行好方式方法很重要。但下面一行动起来就伤人，动作大一点，就会有一个个鲜活的生命离开我们。反省一下，我们计划生育具体政策有没有问题呢？……相当长一段时间，我找不到答案。我害怕自己违心地站在老百姓对立面，将来成为历史的罪人。

还有，我这个人心太软，不适合干这类强势的事，“不想分管”的念头油然而生。心里这么想，又不好开口向市里提出；就是提出了也未必能解决，还可能挨顿批评呢。

怎么办呢？一天，与家人促膝谈心，诉说我的困惑，讨论何去何从。交谈中，“调离”的念头突然从脑中窜出，我们都兴奋不已，认为若能调到省直某个单位，既能摆脱分管计划生育的套子，又换了个新的工作环境，岂不两全其美？

六

省教委主任陈贤忠对我们安庆教育工作赞誉有加。几次来安庆，我陪他到各县调研、考察，情趣相投，配合默契。一路上，多次召开研讨会、座谈会，讲起教育都热情洋溢，他对我市出台的几项政策充分肯定。

一天，他跟我说：“我们教委有一位副主任刚退休，空出个位子，你可愿意去呀？”

我随嘴答：“愿去！”

按理说，我是安庆人民选举出来的副市长。安庆这么多人拥护我、支持我，理应心无旁骛、长期为他们服务，现在说走就走，有点不够意思吧？他们会怎么看待我呢？但考虑去省教委工作能有机会为全省的教育服务，还符合自己的兴趣，也就顾不上别人的看法了。

陈主任看我愿意接受，便经过党组讨论，向省委组织部打了进人申请报告。有了这个大前提，我首先找方兆祥，他是现在省委副书记，到省委好几年了。俗话说，“不打不成交”，在安庆磕磕碰碰几年，彼此了解很透，他很有涵养，也讲交情。我找到他后，二话没说，表示负责做工作。他立刻与卢荣景书记沟通，卢荣景这一关顺利通过了。

我想，这么顺利，可能与我那次市长退选、留下不错的印象有关。

一天，接到省委组织部同志电话，说省教委提议我去，但有一个问题，就是我没拿过粉笔（没当过教师），没有教育职称，到教委工作有些不方便。组织部同志建议我不一定到教委，问到省土地管理局任副职，行不行？我在电话中用一个字回答："行！"

接到省委组织部调令后，不久我就要去合肥履职。要离开安庆这片我有着深厚感情的热土了，心里非常不舍，我永远感激这里的父老乡亲，永远留恋长江边上这片人文荟萃、藏龙卧虎的沃土！

第六章

学做土地管理大文章

一

到省土地管理局上班，我心满意足。

土地，是人类赖以生存的基础，对土地的处置，历来事关时代的兴衰和政权更替，在我国革命和建设事业中所处的地位，同样举足轻重。中国共产党一成立，就做土地文章。先有土地革命，“分田分地真忙”，后有“农村包围城市”，夺取全国胜利。新中国一建立，也是首先进行“土改”，“打土豪，分田地”，再就是农业集体化和各项社会主义建设。改革开放，也是从土地变革开始。从“包产到户”拉开农村改革序幕，再到住房制度改革，发展到今天全面深化改革。

我国人口多耕地少，生存矛盾日益突出，随着改革开放深入发展，逐步引起高层重视，土地管理机构随之加强。

1986 年，国家土地管理局正式挂牌成立。开始比国家建设部低半级，九十年代中期国家机构改革中才升格为正部级，在国务院组成部门名单中排列在建设部之前。

省、地、县的管理机构也随之建立起来。我进省土地管理局时，省局已经升格，配套齐全，各项管理业务蒸蒸日上，我被安排分管地籍、宣教等处室。

“干一行，爱一行；干一行，学一行”，是我一直奉行的工作原则。进入土地行业，就要天天念“土地经”，我自定目标，要尽快成为自己分管领域的行家里手。

我利用来省局报到前办移交的半个月间隙，将《土地管理法》及国家土地管理局首任局长王先进的所有讲话、报告都阅读了一遍。上任后，在下乡调研过程中，又结合实际有选择地重点精读，一项一项地搞清楚、弄明白，直到搞透为止。

我的讲话稿历来不靠秘书，自己动手写。不要小看写讲话稿，它是促进业务学习的最佳推手。因为你要面对听众，而且是有知识、懂业务的听众，逼迫你下功夫求新、求深，我懂得“以其昏昏，使人昭昭”是不行的；还因为你此时是处于当旗手的角色，迫使你“吃透两头”，既钻研上头方针、政策，理清来龙去脉，又花时间下基层，“解剖麻雀”，力求拿出的意见、办法有可操作性。

我把写讲话稿当成一种“考前培训”，一般在半夜一、两点起床，夜深人静的时候，精力更加集中，写出来的效果也更好。

土地管理，从国家层面单设机构相对较晚，土地领域的系统性理论、政策相对滞后，为我们后来者提供了广阔的研讨空间。节假日及工作之余，我和局里爱动脑子、文笔功底较好的四五个青年干部自动走在一起，逐步形成一个研讨的小群体。我们经常一起切磋，互为老师，教学相长，对文稿字斟句酌，有时为一个观点争论得面红耳赤。

1997 年 5 月，我来省局已 11 个月，在与大家的讨论基础上，执笔写土地研究文章多篇，如《资产管理与资源管理的关系》《谈“以地生财”》《土地市场研究》等。有的在国家土地报刊上发表，其中《土地市场之我见》小有影响。当时流行的理论，把土地市场分为一、二级市场，我斗胆提出质疑。我的观点是：土地出让，是政府行为，不是市场行为。只有转让、再转让，出租、抵押，才属于市场行为，接受市场调节。刚开始提出，颇有争议。

那年 5 月 16 日，刚从领导岗位退下来的国家土地管理局首任局长王先进来安徽，我参与接待。他是土地理论、政策方面的权威，是我心目中的偶像。我把刚写好的土地市场论文送给他看，向他请教。关于土地分一、二级市场的理论，我最早是从他的报告、讲话中看到的，现在我的文章否定一、二级市场，等于向他开炮！此时，我有点诚惶诚恐。

但是王老局长打量我半天，和颜悦色地说："你讲得很有道理。是我最先提出土地分一、二级市场，后来觉察不妥，不讲了，可人家现在还在讲呢。你来土地管理部门不到一年工夫，钻进去了，真不简单！"权威人士的一席话，说得我心里暖洋洋的。

此后不久的10月中旬，国家土地管理局地籍司，又特邀我赴京参加一个小型座谈会，更让我喜不自禁！那次，是为筹备全国地籍工作会议，专门找来十几个人座谈，为大会准备主题报告的。来的都是很有造诣的老土地人，只有我一人是新兵。怎么会邀我来呢？开会期间闲聊，才知道是湖北省土地管理局王副局长推荐的。我与他有过几次交往，对土地方面一些敏感问题深入交换过意见，很多想法一拍即合，得到他的赏识。他推荐我参加这次小型座谈会，使我受益匪浅，极大地增强了我钻研土地理论、政策的信心和勇气。

我历来主张当领导的要有权威。权与威不是一码事，党和人民给你的是权，并没有给你威。威，主要靠自己努力获得，你的能力、水平要高人一筹，至少不能老是"当外行"；你的德性，要令人佩服，让人敬仰，正所谓"身正，不令而行"！没有权威的领导，比比皆是，那就只能当当"收发室""传声筒"，如此而已。

我自己也遇到过尴尬事，如果没有"几把刷子"，那岂不沦为平庸之辈，只能在众人面前甘拜下风?!

二

到省局上任不到一个月，一天，地籍处方处长和一位科长来到我办公室，还抱来一大捆材料，说是要召开全省地籍工作会。我说："我分管地籍还没摸着头脑，马上就开会，合适吗?"

方处长回答我："是局党组在你到职前就定了的。"我问："准备得怎么样？有把握吗?"方处长喜欢走上层路线，自恃与两、三位副省级领导关系好，有人撑腰，对谁都不在乎，尤其像我这样新来乍到，他以为是地地道道的外行，根本不放在眼里。他说："依我看，准备得可以!"

好吧，那就听听再说。他俩滔滔不绝地汇报起来，我一边听，一边翻阅资料，感到基本上都是上级会议报告的翻版。要我来念这样的报告，那岂不是叫我当"收发室""传声筒"吗?

我听不下去了，就打断他们的话，问了几个问题："地籍工作，是土地管理的基础性工作，怎么估价这些年所做的工作?"

"所做的都列上了呀!"方处长答。

"光'数萝卜下窖'不行，要有定性、定量分析。你看做得最好的是哪一项?"

方处长被我追问得头上直冒汗。

我又问："存在的问题，哪个是主要的?"

"我们不回避问题，列了五、六项。"方处长振振有词。

"哪个是第一？哪个是第二？要找准！找准问题很重要，这个就是下一步的主攻方向，要集中精力解决的。还有时间要求、经费安排，你这个稿子都没有涉及嘛!”听了汇报，我认为准备得不充分，要重新准备。

他红着脸，半天不说话，直到最后，不得不承认文稿深度不够、会议准备不充分。我建议会议推迟召开，向局党组汇报，得到认可。

从那天以后，我就带着包括方处长在内的一小班人马为筹备地籍会议进行为期4个月的调研。从南到北，从工作基础好的到基础差的，选择不同类型的“麻雀”进行解剖，直到把下情吃得比较透了才放手。调研的过程中，主题报告也基本形成了，经过局领导班子讨论、修改，比较满意了才决定开会。这也是我学习业务的最佳机会。

1997年元月，全省地籍工作会在铜陵市召开。那天，天降大雪，室外雪花漫天飞舞，寒气袭人，室内讨论地籍业务，热气腾腾。与会者一致反映，工作报告思路明晰，重点突出，有可操作性，会议效果比预计得好。安徽土地管理基础工作在全国有位置，与这次会议开得成功不无关系。方处长从此变得低调谦虚了许多。十几年后，与市县几个老地籍偶然碰在一起小聚，他们还对当年铜陵地籍会议津津乐道，称赞有加。

吃透上头精神，贯彻既定部署，落地生根，固然重要；结合实际，制定创新型政策，更是我们土地管理者孜孜不倦的追求。

1998年4月中旬的一天，我带领姬皖苏、李传殿、王文忠等业务骨干去宣城出差。当时，正值全国“两会”结束不久，新当选的朱镕基总理答记者问，讲政府主抓国有企业改革、住房制度改革等5项改革，从容不迫，潇洒自如。小车在初春的雾霭中一路欢歌，大家在车上对朱总理的风度津津乐道。

我思绪万千，突然提出："朱总理的五项改革掷地有声，看来，这是今年全国的主要任务，我们土地管理部门能做些什么呢?"一下子把大家问住了。

过了一会儿，李传殿回过神来，说："有了，住房制度改革，与我们土地部门有关。"姬皖苏、王文忠接着说："对，房子不能建在空中，要建在土地上。我们土地部门有用武之地。"就这样，你一言，我一语，一路上，我们热热闹闹地就把调研课题理出来了。出差回来，我将我们的打算向局党组作了汇报，得到党组认可。经与省财政厅联系，他们从征收土地税费角度对该课题很感兴趣，决定派两人参加我们的课题组。

这样，我带领课题组开展了为期两个月的调研，对住房制度改革中"公有住房土地资产处置"这个侧面，进行了深入研究，形成文件初稿。

为了更大范围内吸收工作在第一线的同志的意见，我们在芜湖召开南片座谈会，又在淮南召开北片座谈会。经过几轮修改，文稿已经成熟，定名为《关于加强职工所购公有住房土地权属管理若干问题的通知》。

文稿中，首先明确，职工所购公有住房上市交易，不仅要持房屋所有权证书，还要持土地使用权证书，解决了争论不休的发"一证"，还是发"两证"的问题；不仅对权属如何登记作出明确规定，还对公有住房所占用的土地是"属于划拨用地"进行定性；此前，国家对此没有收取任何费用，一旦交易，就将产生费用，我们称之为"土地收益"，以区别于一次性征用时的"土地出让金"；还制定土地收益征收标准，按住房坐落位置的标定地价的10%确定。

不仅如此，文稿还对分户领取土地使用权证书的分割计算等技术问题作了明确，如职工所购公有住房属楼房的，应以整栋楼房使用的地块为单元设立共用宗。宗地面积由建筑占地和附属用地两部分组成。每户分摊面积，按宗地面积与建筑总面积之比，乘以各户建筑面积求得。

文件以“安徽省土地管理局、安徽省财政厅”文头联合发出。

接着，在对本省职工所购公有住房按文件精神进行登记的同时，我们还将文件上报国土资源部、财政部。两个月后，国土资源部将我省文件以简报形式向全国推广。我接到国土资源部束司长的电话，说我省制定的文件在土地权属登记、占地定性、土地收益概念确定与征收标准等方面，认识超前，做法有可操作性，为即将由财政部、国土资源部、建设部联合出台的新政策（即《已购公有住房和经济适用住房上市出售土地出让金和收益分配管理的若干规定》）打下了坚实的法理和实践基础。

消息传来，我们课题组的同志兴奋不已。住房制度改革，事关全局，在这一重大领域，做了一点创新性工作，得到国家层面的认可，我们感到无比自豪。

为出台房改政策调研

三

一种制度的形成以及其能够发挥作用，总是要经过不断的磨合与斗争。城乡土地统一管理体制的确立，同样伴随着部门权益调整与纷争。我到土地管理部门来之前，就听说土地与建设（房产）部门常常为管理权限争论不休，我来之后，见证了这场纷争。

那是1997年年初，一场风波由“芜湖市经济开发区土地该谁管理”的争论引起的。省建设厅代省人大起草《经济开发区管理条例》，文稿中，把开发区这块热土的管理工作交给建设部门，而土地管理部门摆在“配合”位置。文稿送有关部门征求意见时，我们对它做了颠覆性的修改。

接着，省人大有关处室召集建设与土地两家开协商会，建设与土地部门“公说公的理，婆说婆的理”，无法形成共识。我们有“土地管理部门主管本行政区域内的土地的统一管理工作”的法律依据，当然不会轻易让步。

事情闹到省人大那里，武副主任出面协调此事，他约我们领导班子全体到场，要我们接受建设部门意见，他提出：“城市建成区土地，由建设部门管；城市规划区土地，由建设和土地部门两家共管；农村土地，由土地部门管。”我们几位正副局都不同意。他说：“我主张不要多头管理，减少扯皮……。”

我立马回应：“武主任，管地部门和用地部门的职能不一样，是一个既互相制约，又互相配合的关系，就像体育场上裁判员与球员的关系。如果以‘不要多头管理’为由，排斥土地管理部门对城市土地‘统一管理’，那就有违中央决定单设土地管理机构的初衷，你知道吗?”武副主任此时无言以对。

第二天，我们分两个班子分头做省主要领导的工作。省人大主任和省长听取汇报后，明确否定了武副主任意见。这个《条例》草案也就胎死腹中。我们在理顺土地管理关系、捍卫法律权威上取得第一个回合的胜利。

一年以后，即 1998 年 5 月，趁省政府启动房地产开发之机，省建设厅抢先代省人大起草《城市房地产交易管理条例》（简称《交易条例》），核心是房地产管理工作中的房与地，交由建设部门一家管理。省法制局出面协调，会上，省建设厅李副厅长先下手为强，说房地产管理应以房为主，土地部门只起配合作用。我立刻回应："建设部门管房，土地部门管地，界限清清楚楚，有什么好争论的？"双方谁也说服不了谁，闹得不欢而散。

几天以后，省政府常务会讨论住宅建设和房地产交易有关事项，省建设厅又首先发言，李副厅长在汇报房地产交易时，也是以"多头管理，不方便群众"为由，排斥土地部门管理。他还振振有词地说："我最近带一个班子到江浙考察，看了人家住房制度改革的做法，没有听说住房发土地证的"。

听到这里，我倏地站了起来："李厅长，你说的不准确！你说人家没有对住房发土地证，我请大家看看……"。将杭州市在会前电传来的《住房土地使用证》复印件，当场发给大家，人手一份，会上一片哗然。

接下来各位领导的发言"一边倒"，批评建设部门做法过火，要求互相配合，各司其职。争议中的《交易条例》，也就此搁浅。我因以证据说话，以理服人，赢得省领导的赞许。

过了一年以后，即 1999 年 9 月的一天，得知省人大主任会议做出决定，拟将未协调好的《交易条例》提交即将召开的省人大常委会讨论，建议一审通过。消息传来，感到震惊，我们立刻紧急磋商，想方设法挡住。一旦省人大常委会通过，我省岂不在全国带了个坏头?!

未协调好的《交易条例》，两家分歧的焦点在于争夺土地登记权。

土地登记，是指将土地权利记载于土地登记簿公示的行为，它是管理土地的抓手。省土地管理局一成立，就依据部门规章，对划拨、出让的土地进行初始登记，对转让、出租，以及抵押土地的他项权利进行变更登记，把这个作为基础性工作抓在手里。建设（房产）部门对划拨、出让土地的初始登记没插手，主要是争夺房子下面土地的登记发证权!

他们自作主张，对转让土地建房，发《房地产权证》；对出租土地建房，发《房地产租赁权证》；对抵押土地上的房屋，发《房地产他项权证》。随着国务院关于土地有偿使用政策的出台，土地资产属性凸显，对城镇土地上住房登记发证的争夺逐步升级，他们想方设法打通关节，企图塞进《交易条例》，由省人大常委会通过。

面对咄咄逼人的情势，我们从立法层面做细致的工作，邀请并陪同省人大农经工委到基层调研，了解全省土地登记现状，探讨如何依法依规行事。

2000年4月，省人大农经工委主任濮德祥带领调查组赴马鞍山、宁国、桐城三市开展调研。宁国、桐城两市土地转让、出租、抵押变更登记，工作到位，土地、建设（房产）两家在“房地产交易中心”办公，各司其职，配合得体，群众满意。

而马鞍山呢，两部门职责没有理顺，建设（房产）部门争着违规发证，造成权属混乱，致使大量国有资产流失。座谈会上，两家针锋相对，互不相让，濮主任感慨地说："省里没有理顺，给下面添乱，造成国有资产流失，损失惨重！"

回来后，调查组起草了一份有理有据、观点鲜明的《调查报告》，报省人大主任。我们协助农经工委将报告分送省人大各常委，住会的与不住会的几十位，人手一份。与此同时，还通过合法途径向国家层面反映。

此时，正好国土资源部束司长带领检查组来安徽，我们请束司长将省人大农经工委的《调查报告》及省土地管理部门的强烈呼吁带到部里。

国土资源部以书面形式向国务院法制办反映，很快收到国务院法制办的书面答复："房地产管理工作中的房产管理工作，应由建设行政主管部门负责；房地产管理工作中的土地管理工作，应由土地行政主管部门负责。"原定即将召开的省人大常委会，不得不将审议《交易条例》的议题取消。

2000年5月29日，《安徽省城市房地产交易管理条例》在省人大常委会上获得通过。这是一个全新的条例，房地产管理关系得以理顺！总则第四条明确规定："省人民政府建设行政主管部门、土地行政主管部门依照省人民政府规定的职权划分，各司其职，密切配合，管理本行政区域内房地产工作。"

通过两年艰苦努力工作和据理力争，在坚持城乡土地统管、理顺房地产管理关系、捍卫法律权威上，我们取得了第二个回合的胜利！

具有法律效力的《交易条例》出台，为土地管理部门履行职责，资源、资产并重管理，服务于地方经济、社会发展，开辟了一个全新的时期。但是，长期形成的思想障碍一时难以消除，房地关系处理上磕磕碰碰的情况，还时有发生。有的地方甚至置省《交易条例》于不顾，故态复萌，乱象丛生。

直到党的十八大以后，中央政府痛下决心，从体制上动手，在国土资源部门内设立“不动产登记”机构，将建设部门的涉地业务及人员划归“不动产登记”，房地产关系才得以从根本上理顺！

从此，房地产之类的不动产登记全面展开。以合肥市区为例，“合肥市国土资源局不动产登记中心”五个分中心全面启动。到2017底，已发不动产权证书69.8万本，不动产权属证明54.8万份，平均每天颁发证书3600本（份）。其中处于抵押状态的不动产权证明37.2万份。

今天，当持证上岗的不动产登记人员，顺风顺水、井然有序地颁发证书的时候，能否想到当年老土地人为此甘冒政治风险，付出的努力是何等艰辛?!

四

随着改革开放的日益扩大、深入，土地管理工作逐渐升温，局领导班子三天两头地开会，忙于批地。动不动就是市、县长带队，找上门来，向我们描绘他们的发展蓝图，要我们在批地上高抬贵手。房地产开发风起云涌，经济开发区遍地开花，祖国大地刮起一阵比一阵猛烈的经济旋风。

我们这些从事土地管理的处在条块结合管理体制夹缝中。从条条看，土地法律、法规严之又严，时刻提心吊胆，生怕踩着“红线”；从块块看，经济发展是“硬道理”，地方领导认为用地越多越好，手续越简便越好，生怕被指责服务不到位，当作“绊脚石”给搬掉。如何找到一个理想的结合点，既服务于地方经济发展，又不违规、违法，捍卫土地法律的权威，是对我们的严峻考验！

我到土地管理部门不久，省政府就把国有企业改制列为中心工作之一。配合中心工作开展土地管理业务，是我们应尽的职责。

1997 年的一年中，我多次带领小班人马，跑了七八十家企业，对企业改制中土地资产如何处置进行专题调研。

当时的情况是，大部分企业着手改制，但对土地资产如何处置，不甚了解，等待观望；一部分企业摸索前进，各行其是，也不规范；还有一部分企业积极探索，走出适合自己特点的土地资产处置路子。

调研中，发现桐城市委、市政府高度重视改制中土地资产处置，区别不同类型企业，采取不同的处置办法，改制企业拥护，市体改办、国资委、财政、税收等相关部门一致叫好。我们帮助他们总结经验，起草文稿，交由省政府办公厅以《送阅材料》的形式印发给省领导参阅。

在调研中，我们将全省企业改制中对划拨土地使用权 5 种处置办法，即国有土地出让、国有土地租赁、作价出资（入股）、保留划拨用地及授权经营管理等，进行梳理，广为宣传。在此基础上，又主动与省政府体改办联系，联合起草《企业改制土地资产处置办法》，上报下发，对全省企业改制发挥指导作用，受到省领导的表扬。在配合中心工作上，我们做了一点具体工作，出了点微薄之力。

为企业改制中土地资产处置调研

作为政府的一个部门，想政府之所想，急政府之所急，为地方经济、社会发展主动出击，责无旁贷；但守土有责，执法从严，捍卫法律权威，更是职责所在。

1997年下半年，国家实行“土地冻结”，对违法用地、乱占耕地进行全面清理。10月15~20日，安徽省人大派出几个检查组进行声势浩大的土地执法检查。省土地管理局领导倾巢出动，积极配合。我参加省人大组织的六安执法检查组。

检查组到达六安后，与市领导举行见面会，组长开宗明义，对检查组自身“约法三章”，要求对违法用地的处理、纠正不打折扣；同时，要求六安市委、市政府全力配合。组长参加部分检查活动后，中途离开，去南京有事，后面的事就由副组长朱维芳主持。

朱副组长办事特别认真、细腻，她带领检查组深入乡镇听汇报，看现场，既总结遵纪守法的正面典型，也接受群众举报，查处典型违法案例，示范引导。群众都说这次检查是动真格的。哪知事情并不一帆风顺，快结束时，检查组遇到了难题。

霍山县某村在土地冻结期间，村干部踩踏红线，占耕地五十来亩，突击建轮窑厂。经群众举报，检查组赴现场察看，认定违法，要求立即纠正——强拆。问题是，村党支部书记找到乡党委书记，以“发展经济奔小康”为由，不愿纠正；乡党委书记持同样立场，连夜赶到市里找市委祝书记。祝书记答应立刻找上面，想办法解决（阻止强拆）。

市委书记出面说情，朱副组长感到很棘手，便召集检查组紧急磋商。我作为土地主管部门负责人之一参加执法检查，有责任亮明观点。我说：“这个轮窑厂，没有履行任何报批手续，而且发生在国家实行‘土地冻结’期间，违法性质是明显的。群众在眼睁睁地看着我们检查组是不是动真格的，如果我们没有动作，就会失信于民。”

检查组成员肖尚忠，是一位长期在县、市担任领导的老同志，对多数群众眼睁睁盯着的问题，特别敏感，他快言快语：“这直接关系到党的威信、法律的威严，当然要纠正，没有什么好商量的。”大家一致意见，立刻解决。当天下午就组织力量，进行现场爆破。

市委祝书记知道检查组动作后，只能找身在南京的检查组组长施压。组长接到祝书记的电话，左右为难，但最终还是答应：“停止执行（检查组的决定）!”

傍晚时分，轮窑厂现场人山人海，指挥员一声令下，成吨的炸药点燃，轰隆一声巨响，几十米高的烟囱顷刻倒塌，迎来一阵阵掌声。朱副组长在市委会议室开小会，接到轮窑厂炸毁的消息。

此时，电话铃声响起，是组长从南京打来的，在电话中发出“停止执行”的指令。朱副组长在电话里告诉组长：“你电话来迟了，烟囱已经倒下了。”

这次检查，与过去那些“听听汇报、坐而论道”之类的检查相比，确实有点儿不同，这是一次排除“以权压法”干扰的、群众拍手叫好的、动真格的执法大检查。

省人大赴六安土地执法检查组合影

五

耕地保护，是基本国策，群众都懂得的道理，我们土地管理干部自然领会更深。保护耕地，要依法依规；同时，也要注重民情，尊重民意。可是在实际工作中，却不是每一个领导干部都能做得到的。

1998年下半年的一天，我带领一个专家组从萧县搞完地籍调查验收返回单位，事先联系好，在五河县国土局吃中午饭。萧县位于安徽最北端，距合肥有两百多公里。我们动身稍迟，到五河县时已是中午12点半。走进饭店，哟，一大班人在等候我们，不只土地管理局的，还有县委书记、县长、组织部长、分管土地的副县长等。

土地管理局局长将县委余书记及其他领导一一向我们介绍。余书记是从蚌埠团市委书记任上过来的，以办事强悍、果断著称，人们都看好他前途无量。县里这么隆重地接待我们，我有点儿受宠若惊。午饭气氛热闹非凡，余书记清清嗓子，准备讲话，其他人都静下声来。

“在土地管理上，我县最近来了个大动作，干什么呢？‘平坟复耕’。搞了3个月，平坟46万座，增加耕地15万亩！”余书记声音洪亮，以为我作为土地管理部门的领导，会对他赞扬一番。但我反而向他提问：“余书记，你这么大动作，老百姓能接受吗？”

“平坟，难度是不小，工作随人做呗。我们层层发动，干部带头，党员带头，奖罚分明，纪律严明！”

“平老坟，新坟平不平？”我进一步提问。

“新坟、老坟一起平！”余书记斩钉截铁。我评判事物向来更多地注重实际、注重民情民意，认准的东西，总是直言不讳地说出来。

于是，我很严肃地说：“书记呀，此言差矣！”

大家一齐用惊诧的眼光看着我。

我接着说：“平老坟还好说点，平新坟太伤老百姓感情了，不能这么干！乡间对伤害太大的事，往往用‘等于挖了人家三代祖坟’来形容。祖先崇拜，是中国人最为重要的信仰，坟墓是信仰的载体。殡葬改革要搞，与平坟不是一码事！”

余书记涨红着脸，望着我，一时语塞。不知是谁插了一句：“耕地保护，是头等大事呀！”

我立刻回答：“耕地保护是国家的三大基本国策之一，任务艰巨，人人有责！但不要把伤害老百姓感情的事与耕地保护绑在一起!”我望望大家，没有一个作声的。我继续说：“我们党内要解决的紧迫问题很多，不要动不动就从老百姓头上开刀嘛。希望五河在土地整治、开发复垦上，多做工作，多出经验，到时我来帮你们总结、推广，好吧?”

余书记不吭声了，埋头吃饭，其他同志也不好吱声，默默吃着，整个包厢一片寂静，只听到筷子触碗的嚓嚓声。

离开五河后，我的同事们在车上还津津乐道餐桌上那一幕，多数认为，现在一些领导为出政绩，无视群众的感情、诉求，这种倾向是要不得的。他们对我言辞犀利很认可，都说很过瘾。也有个别的认为，殡葬改革，有法规依据，就是过点火，也错不到哪里去；还有一个与我私交特好的，劝我遇事别太认真，伤了和气，吃亏的是自己。我笑了笑，没说什么。

14 年后，到了 2012 年，“平坟运动”，风波再起。先有河南省周口市，两年后有安徽省安庆市。平坟，如暴风骤雨，猛烈地冲击着“入土为安”的传统殡葬观念和习俗。接受殡葬改革理念，自觉去坟火葬的不少，但不接受火葬、以死抗争的事件也时有发生。一下子引起社会广泛关注，引起国务院高度重视。这一年的 11 月 16 日《国务院令》出台，对违规土葬，乱建坟墓，将不再允许民政部门强制平坟。同时，将 628 号《条例》进行修改，删除“拒不改正的，可以强制执行”部分。

看到《国务院令》，我心里暖洋洋的。当年与我同行、经历五河餐桌一幕，并为余书记鸣不平，说“有法规依据、错不到哪里去”的一位老同事，专门来见我，说是上门求教，问我怎么会有先见之明?

我说："不是什么先见之明，是个实事求是问题。长久以来，我把陈云同志的'不唯上，不唯书，只唯实'作为自己行事准则，入脑入心，身体力行。"

老同事很健谈，说自己也实事求是，为何怎么也做不出过人之举呢？我说："实事求是，不光是个理念问题，还要有胆量，有境界，'无私，才能无畏'。患得患失，或瞻前顾后，就不可能坚持实事求是！"

第七章

退休后开办小微企业

一

2002 年初，我面临退休。身体状况还好，退下后干什么呢？我不想像大多数退休人员那样回家关门养老，经与家人商量，决定办个小企业试试。

3 月底，省国土厅为我举行退休欢送会的第二天，我注册的网络公司（后改为建筑智能化公司），低调开业了。

办公司，选择什么行业，对从领导岗位上退下来的干部是有限制的。中央纪委曾下发文件，对县级以上领导干部退休办企业有明确规定，即“退休三年之内，不得在自己分管的领域”接受他人聘任或自办企业。我是从国土管理部门退下来的，我把土地领域视为“高压线”，绝不触碰。选择网络或建筑智能化行业，与自己曾经分管的土地业务毫不相干，刻意切断以权谋私、以影响谋利的通道，为合法合规办事、明明白白经营创造条件。

启动资金从哪里来呢，我邀了几位青年朋友集资，办合股制企业。我自己因退休前单位给我分了套“房改房”，把全部积蓄用于购房及装修，没有多少存储，只得从亲戚家借四万元投进去。公司总共凑齐五十万元启动资金。公司由我主持，给我当副手的是七零后青年章峰，人精明强干，又实在，与我很合拍。

我们的开场业务，从农村远程教育开始。远程教育，当时全国才刚刚起步，对我来说，不熟悉，好在我们招聘来的全是大学生，电脑、网络之类驾轻就熟，远程教育业务一学就会。我们承接的业务分两部分：一是教育资源推广，也就是中小学教育课件资源的销售；二是卫星天线的安装与调试。

当时，教育课件的制作、加工，市场开放，多家竞争。我们公司选择的是国家广电总局下属的中广三维公司的产品，被授权为“中广三维”代理商。我们奋力开拓教育市场，与中小学及市、县教育局频繁接触，现场演示，合理报价，很受学校欢迎。两年多时间里，在全省两千所中小学开通了远程教育，使用效果良好。

不久，农村远程教育引起了国家的重视。国务院总理温家宝对农村远程教育大加赞赏，认为远程教育在农村中小学推广，有利于缩小城乡教育差距。国家拨款一两百个亿，在两三年时间内对全国农村中小学全覆盖。

对学校来说，免费开通远程教育，是天大的好事。但随之而来的是，远程教育资源由国家统管，国家教育部属下的中央电教馆一家承担制作任务，像“中广三维”等一大批走市场路子的公司，无用武之地，被迫转产。我们这些代理商，也只得另辟蹊径，转向工程类，承接建筑智能化工程。

建筑智能化行业，随着计算机的普及和互联网的飞速发展，已成为朝阳行业。你看哪一座新建的大楼没有综合布线或计算机机房？哪个新建的居民小区没有监控报警或巡更？哪条新辟的街道或交通要道没有智能交通？这表明建筑智能化市场无比广阔，但承接这类工程的公司如雨后春笋，仅省城就有几百家，高峰时上千家，竞争异常激烈。

拿项目，大都通过竞标获得。招投标，很残酷，十投九不中是常事。有时我们费了九牛二虎之力，报价也合理，自以为很有把握，哪知“半路杀出个程咬金”，他轻易得手，你落个颗粒无收。面对这种情况，我正视现实，平静面对，引导员工不怨天尤人，从自己身上找原因，正确地吸取经验教训，失败了再干。

像我这样从行政岗位上退下来再转型经商办企业的情况，行业跨度大，角色反差大，不来个脱胎换骨是不行的。我这个人生就一副犟脾气，认准的事，不回头，一干到底；碰到困难，不气馁，从头做起。

首先，突破思想观念关。就是放下架子，视自己为普通人。过去在领导岗位上，有人求你，现在经营一家小企业，你也可以求人；过去人家请你吃饭，现在你也可以请人家，人格上平等。只有观念上突破，才能在行动上松绑；手脚放开了，才有无限商机。

再就是把人做好。把事情做好，质量、工期、售后服务都不出岔子是基础，更要紧的是处理好人际关系。大度大气，广交朋友。只有与业务伙伴及相关方面紧密联系，利益共享，才会事事顺畅，左右逢源。反之，没有感情投入，头昂八尺，或斤斤计较，一毛不拔，路只能越走越窄，甚至走向死胡同。

十多年来，公司在磕磕碰碰中发展，由远程教育资源推广，逐步发展成为一个涵盖综合布线、监控报警、楼宇自控、智能交通、视频会议、LED 大屏、可视对讲等业务的设计、施工以及消防工程、计算机机房装修为一体的建筑智能化系统集成企业。

公司注册资金几次增资，至 2018 年上半年增至 501 万元。开始我是法定代表人，后来随着年龄增长，把法定代表人的角色转给章峰，我只保留董事长头衔。公司具体业务我一般不问，只做三件事：一是遇到有重要客户或政府官员，我出面接待；二是掌握财务收支情况，严防透支、亏损；三是严把政策、法纪关。也就是说，哪些事能干，哪些事不能干，我要过问。尤其是对那些利益诱惑大，容易使人铤而走险的项目，我及时提醒章峰：“你家有老婆、孩子，你不要踩踏红线去冒险哦！若搞进去了（坐班房），那一家子就散了；我是从政过来的，更不愿被扯进去哟。”这个话，每年总要提醒几次。

十多年来，时刻谨慎行事，一步一个脚印往前走，企业小有发展，但要承认，现实竞争胶着、残酷，依法依规，业务很难做大，赚大钱几乎没有可能。不过对我来说，挣钱不是主要的，重要的是，充实生活，活动肢体，延缓衰老，牢记我十多年前立下的誓言：“当官就不要发财，发财就不要当官。不当官时，立足休闲，参与经商办企业，享受过程是第一位的。”

二

工程类企业，取得项目都得通过招投标。随着经济发展、建设加快，招投标中心（有的叫政府采购中心）九十年代后期应运而生。政府搭建招投标平台，奉行公正、公平、公开原则，一方面为业主单位搞建设，提供选择优质系统集成商、设备供应商及合格施工企业的可能；另一方面，也为集成商、供应商、施工企业参与市场竞争带来机会。招投标，在大建设中发挥着无可取代的作用，但不可否认，我们这个社会通行人情大于法，加上腐败土壤难除，招投标往往变形走样，竞标领域乱象丛生，腐败高发。有的是买通业主，恃权控制，设置门槛，排斥竞争；有的是与生产厂家串通，提前“报备”，不发产品授权，打压竞争对手。我们与之较量，算是吃尽了苦头。

一次，我们公司参与某县县医院智能信息系统网路集成建设项目竞标。公司总经理章峰带领几名骨干精心运作，接受连连失败的教训，对标书制作精益求精。同时，本着保本微利原则，冲低价。结果，经县招标中心组织专家评审，包括我们在内的六家公司入围，并成为第一中标人。

大喜过望，当我们就标书中提供的产品参数与有关厂家进行沟通时，突然发现，标书中所有产品已被合肥一家公司“报备”。按行业潜规则，产品被一家“报备”，就意味着其他参标公司无法拿到好价格，更重要的是拿不到厂家授权书，即使有幸中标，也很可能当废标排除。

我们找到早先报备的这家合肥的公司，与其协商，恳求解除报备。这家公司对这个项目跟踪一年多，破费不少。他们满以为有把握拿到手，敢报高价，高出我们报价的30%，企图赚个盆满钵满，哪知被我们冲低价打破，弄得他火冒三丈。我们与之磨破嘴皮，交涉无果。眼看第一中标人资格有可能被取消，我们只得调过头来同业主方县医院交涉，业主方对我们的低价当然满意，体谅我们的难处，同意我们“中标后，再提供产品授权书”，让我们松了口气。

哪知这家公司的老总对医院的让步不服气，使出浑身解数，阻挠厂家向我们提供授权书。我们公司克服重重困难，撇开这家公司，直接对十多个厂家逐个做工作，终于取得大部分厂家的理解与配合。这家公司知道这一情况后，恼羞成怒，进一步向厂家施压，以“不为其推销产品”相威胁，以至于我们公司最终有两个厂家的授权书无法获得。

万般无奈，我们只能凭借良好的信誉，向院方出具专题报告，在标书中推荐品牌范围之内，挑选性能和质量高于原产品的两个国际品牌进行更换，才获得认可，从而排除了干扰，经专家评审，得以中标，使我们在同行的控制与反控制中获胜，取得不靠行贿取胜的成功经验。

还有一次，我们公司参与某县专科医院门急诊综合楼智能化系统工程项目投标。参加竞标的公司多，竞争异常激烈。该项目分技术标和商务标，总分设定为100分，商务标设定为65分，技术标为35分。

接到招标方案和评分办法后，我们公司的骨干一起反复讨论、揣摩，认为该项目已被淮南的一家公司控制，比合肥那家公司更厉害，从源头控制起，不仅做好业主工作、厂家工作，还把招标代理公司买通，“量身定制”。以官方名义发布的标书和评分办法，实际上是淮南这家公司独家提供的。看出其中的奥秘后，大家都没有信心，如果参加就只能是“陪考”而已，所以，都主张放弃。

这些年，我们参加过无数次竞标，哪一次不经历“没有硝烟的战争”？十投九不中是常事，我已习惯了。我劝公司的骨干不要气馁，不要放弃。怎么取胜呢？不走行贿、买通官员的路子。靠智取，寻找竞争对手的疏漏和薄弱之处，打进攻战，反败为胜。

听了我的话后，大家静下心来，花两天时间，重新钻研标书和评分办法。同时找有关厂家询价，了解如何提供相关证书的信息。

功夫不负有心人，我们终于找到了对手的破绽。企图控标的淮南那家公司，犯了个常识性的错误，在制定标书条款时，写明“要提供产品的检测报告和鉴定证书原件”！产品的检测报告和鉴定证书原件，厂家是从来不对外提供的，最大可能，是提供产品证书的复印件！

找到破绽后，我们派人员火速赶往厂家，从厂家取得了相关产品证书的复印件，并且马不停蹄地赶到市政府法律公证处，办理了公证手续。而企图控标的淮南那家公司，因没有取得厂家同意，私塞条款，搞僵了与厂家的关系，连复印件都没有拿到。

对照《评分办法》中塞进的“计算机网络系统中的交换机、网关、防火墙设备及管理系统提供相关证书，该项最高得8分”，以及“本项目招标所有涉及评分的资质证书，投标时均需提供原件或经公证的复印件，未按要求提供原件或经公证的复印件材料的评分项目不得分”的条款，我公司完全符合！我们意识到，这就是我们本次竞标的杀手锏。

开标那天，县招投标中心按程序进行。主持人首先宣布，经审查合格，包括我们在内的十家公司入围。接着，现场开封标书，公开唱标。最后，专家组关起门来评标。

这次专家组由五人组成，四名专家，一名业主代表。专家评审工作量大，审查标书严格认真。入围的十家公司实力相当，标书制作、报价打分都相差无几，唯独提供的产品证书上出现差异。专家们对照《评分办法》“提供产品原件或经公证的复印件”的要求，经一一查验，除我们公司有经公证的复印件外，其他九家都没有，这一下子让我们高出了8分！评标结果，我们公司一举中标。凭智慧取胜，极大地提振了我们的信心和勇气。

三

如果说某县专科医院项目，我们是凭抓住对手弱点做文章，以智慧取胜，那么某市医院项目，则是在取消“人为操控”的公平竞争条件下，凭实力、碰运气取胜的典型一例。

该项目智能化板块3000多万，属于大项目，先后有多家集成商跟踪一两年之久，关系做得最深的，莫过于在当地颇有实力的某集团公司。

这家集团公司的老板是编制关系网的高手，善于社交，朋友众多。他所在的那个市的市政建设、园林绿化项目大部分被他揽入囊中。当地多名官员因腐败被处理，几乎他都有牵连。副市长被审查，他也被拘留、令其配合调查；住建委主任被逮捕，他也被关押六个月；市重点局副局长被查，法院开出的行贿名单，他排在首位。

对某市医院项目，这位老总窥伺很久，先是与合肥的某公司联手，主张拿下后利益均沾，由于双方要价都高，没法谈成。这位老总独自拉上几家，企图控标获胜。合肥这家公司不甘示弱，也拉上几家争夺，双方矛盾激化，以至于合肥这家公司抓住这位老总见不得人的材料向市招投标管理局举报，使该项目被迫叫停八九个月之久。市有关部门对招投标中乱象丛生极为反感，做出决定，取消人为操控，完全放开！这一扑朔迷离的项目，终于进入公众视野。

我们公司得悉后，于2017年春节临近，报名参与。参标单位27家，竞争之激烈，可想而知。这次招标是招商务标，除满足基本条件外，报价是关键因素。我们公司精心制标，科学测算，报价正好卡在“评分办法”设定的最高点上，一下子从27家胜出，成为第一中标人！

这家公司老总对这一评标结果，无法接受，就“鸡蛋里挑骨头”，对我们公司标书中细节问题提出质疑，围绕项目经理“在建”与“不在建”纠缠不休。

何谓“在建”与“不在建”？招投标中有一项规定，就是参标公司，确定准备承接该项目的项目经理，除必须具备一级建造师等资质外，手上不得有在建工程（“不在建”），若有“在建”，就是有幸中标也做废标处理。

我们公司确定投某市医院项目的项目经理，之前在外省一项目担任项目经理，但在该项目开标前的两个月就已更换他人。外省住建厅给安徽建设行政主管部门开出“施工注册建造师无在建工程证明”，加盖了公章，只是没来得及挂网。他就抓住这一点大做文章，先是向市招标管理局质疑，招标局作了回复。他还不死心，又举报到市纪检委。纪检委收到有关部门出具的证明，对这位老总又一次作了否定性答复。经过前后18天纠缠，市公共资源交易监督管理局于4月中旬正式给我们公司发出“中标通知书”。

这位老总依旧不肯善罢甘休，因为该医院项目“设计方案”是他做的，他随时都可以拿出这个杀手锏来。

这么大体量的工程，按照规定，“设计方案”应单独招标，但由于他关系介入深，征得业主方同意，允许他选一栋“辅楼”免费设计试试。后来，市项目领导小组准备对“设计方案”单独招标时，许多跟他关系密切的人都出来为他说话，理由是“确保设计方案的一致性”，主楼、辅楼都由一家设计为好。就这样，绕过招投标程序，以“会议纪要”形式把设计方案直接定给了他，他以“四方设计院”名义接下设计单子。这个设计方案，里面暗藏玄机，水深莫测。他就凭这个，在我们进场施工后，与我们展开一次次的较量，有三个回合。

第一个回合，对中标标书挑刺。他以“四方设计院”名义，向市重点局及医院方发出一份未盖公章的“中标单位投标文件复核函”，对经过专家评审过的标书大加指责，说机房工程某些产品“不满足要求”；说计算机网络系统“捏造产品型号”“虚假应标”，用词尖刻，信口开河。

针对他的指责，我们与相关厂家联系，厂家出具证据，一一作了否定性的回复。但医院少数同志置专家评审的结果于不顾，不知是被他绑架，还是另有隐情，迟迟不在合同文本上签字，致使我们施工两个多月，施工合同还未签署。

我们只得找市项目领导小组反映我们的难处，陈述有关科室挑的技术毛病并不存在。这样，项目领导小组督促医院领导主持召开相关科室负责人与施工方负责人“沟通会”。“沟通会”上，针对与会者提问，我方底气十足；应邀参会的我方某厂家，借机介绍自家产品，绘声绘色，滴水不漏。沟通会，成了推介会。这下，施工合同，这个难产的婴儿终于呱呱落地。

第二个回合，遥控采购产品。我们投标的标书中，共设置十二个子系统，其中自行联系、采购的为五个子系统，余下的七个子系统，仍采用招标文件中有暗示的品牌。招标文件中表面上没有指明推荐品牌，但有关子系统的设备都设置了“特定参数”和需要提供的证书、彩页，你要应标，就只能采用符合这些要求的品牌，这就是眼下招投标中流行的“人为控标”，是被他控制的。据了解，这些产品的厂家与他打交道多年，他以“产品是我推荐入围的”为由，虚高报价，享受回扣、坐地分赃。

我们中标后，与这些厂家联系进货事宜，厂家一个个报价明显虚高，而且寸步不让。虚高多少呢？经与邻省分经销商联系、测算，虚高25%，有200多万元呀。若不妥善解决这个问题，我们把工程做下来，没有什么利润，等于白忙一场。

因此，接下来，坚持投标文件确定的品牌、参数与揭穿人为操控、坐地分赃，必有一战！

我们使出两手，一手私底下做工作。冤家宜解不宜结，经中间人斡旋，请他出来吃饭、沟通，他为我们的诚意所感动，口头答应尚好，表示不再从中作梗；另一手是，向项目领导小组反映，请求主持正义，必要时出面协调。在此前提下，章峰在有关部门及供应商之间来往穿梭，讨价还价，打了一场没有硝烟的战争，总算把虚高的价格砍下一半，为公司夺回成百万的合理利润。

第三个回合，回款上设“陷阱”。他在竞标争夺中，眼看自己中标无望，本着“大家都莫想花屋住”的无赖心态，凭自己最后一点关系优势，在提供合同文本上，动歪点子设“陷阱”，塞进“没有预付款”“设备安装调试后首付45%”等霸王条款。

通常情况下，像这么大的工程，一般都有20%~30%的“预付款”，并且进场后按当月工程量一定比例付“进度款”。而此项工程没有预付款，是一个全垫资工程。在当时极为复杂的背景下，我们明知不妥，也只得接受。

鉴于该工程是市政府拎在手上的一项赶工期的工程，我们特别慎重，克服困难，垫资进场，组织现场指挥班子，确保每天有充足的施工力量。苦战六个月后，医院门诊楼先期完工，交付使用。

这时，我们才向院方提交“首付款”申请，多数部门在会商中，体谅企业难处，倾向付款，但有人提出不同意见，以至于“首付款”

申请泡汤。

我们发动员工拿出多套房子办抵押，从银行贷款；又找亲朋好友借款，还用高利息从社会融资，总算筹集资金2500多万，基本满足了进材料设备和支付人员工资的需求，但要多承担融资利息近百万。

经过10个月的艰苦奋战，整个工程基本完工。此时，工程“首付款”经过一系列程序后才到账。

回过头来看，这次我们总算没有被“人为陷阱”所绊倒，只是以多付近百万融资利息的代价，赢得了时间，守住了信誉，维护了企业良好形象，得到医院及社会的一致好评。

四

同行的竞争固然激烈，与供应商及其他方面的较量也并不轻松。

合肥武警智能化一期工程有800多万，是我们通过竞标获得的又一个项目。在实施过程中的设备采购上走了一段曲折的路。

投标时，我们选择的网络设备是“神州数码”。神州数码公司作为供应商，在全国各地设立销售办事处。安徽办事处负责人，与我们打交道多年，关系融洽，找他询价，报出的价格合理，我们就按他的报价写进了标书。

哪知我们中标后，此人却把价格提高30%，一下子多出80多万，我们当然不能接受。找他协商多次，他就是寸步不让。万般无奈，我们只得更换中兴的产品，这也是标书中备选的三个品牌之一。我们把中兴产品采购齐备，并运到了施工现场。他知道后，一纸将我公司告到市招投标管理局，市招管局裁决：神州数码产品不得更换！

组织裁决，只得遵循。我们做好中兴有关同志的工作，将中兴产品原封不动地退回，一往一返，损失了一大笔。章峰想办法反击：“我改用神州数码公司的产品可以，就是不从他的办事处进货。”章峰通过朋友关系，改从深圳进货，虽费了点周折，还是按时安装、调试结束，顺利通过了工程验收，为公司挽回损失几十万！

然而，此人不甘心失败，一直与我们为敌，他凭着与业主深厚的人际关系，阻挠我们对该项目第二期的竞标。为不结怨太深，我们便自动放弃了。

与此人的一番周折，使我们领教了“商场如战场”的滋味。

由此，小微企业经受的磨难可见一斑。若要有人问我这些年办企业的最大感受是什么？我只能用一个字来表达，那就是“难”！我个人对眼下这个局面的改变，无能为力，但乐意为仍处在“水深火热之中”的小微企业奔走呼号！

机会来了，正好岳西籍在合肥的青年员工有个聚会，一百多人参加，组织者邀请我给大家讲话。面对的是企业家、打工仔和刚出校门的青年创业者，也有部分机关单位领导同志，我能向他们讲讲亲身感受，将长久郁结于心的一些东西一吐为快，也不失为一种宣传！

我首先讲，办企业与从政不同，遵循等价交换原则，追求利润最大化，没有错，但赚钱要讲依法依规，要赚得明明白白。现在有一类企业，是高新技术企业，追求创新，锲而不舍，利润丰厚，这应是我们追求的目标；我看到还有一类赚钱的企业，是垄断性企业，或者企业的垄断行为。对这个要谨慎！党和政府一直在打破垄断，鼓励竞争，但垄断与反垄断斗争从未止息。现在，许多企业不在创新上下功夫，靠攀附权贵，搞利益输送，企图获取垄断利润。他们不惜以身试法，有的最后落个人财两空，还严重败坏了社会政治生态环境。我劝在座的同志要引以为戒。

接着，我有感而发，诉说实体经济、工程类小微企业的“五难”。

一是接项目难。我对本公司做了个统计，一年几十次参与投标，中标率在15%左右。这表明大多数努力是做无用功；大多数时间是“陪考”。那一次次废弃的标书，累计起来，一年总有好几板车。

二是融资难。社会融资月息两分、三分，甚至更高。就以两分息计算，年息是24%。我们所承接的工程，达到或超过15%利润率的很少。这就是说，工程类企业若资金不足，以两分息从社会融资经营，必亏无疑。

银行贷款利息虽低，但要求苛刻，且手续繁杂，像我们这样的小微企业想从银行贷款比登天还难。

三是回收工程款难。首先是签字多、关卡多，结算一笔工程款，施工企业签字后，现场监理签字，还要有身在外地的总监签字。业主单位现场负责人签字，还要有业主单位主要领导签字。机关、事业单位的工程，一般有代建单位县重点工程局，是掌握财政拨款的，要有三个人签字，即工程科初核签字，局分管领导签字，局主要领导签字。最后是县政府分管领导签字。这样一来，要等七八个人签完字，没有十天半月是不行的。若哪个环节卡了壳，就更是遥遥无期。一边是工人等着发工资，一边是按部就班走程序，你急他不急，如何是好？在当前反腐高压下，虽有很大收敛，但对部分人来说，只是变换手法、改变策略而已。

还有验收、决算审计久拖不决，环环腐败。一般来说，一个工程合同工期四五个月，长的八个月，但由于多方面原因，很难顺利验收，尤其是决算审计，总要拖个两、三年。而按合同约定，工程款的20%或30%要等到审计结束后才付清。他们没有利息观念，不知拖欠工程款对企业来说，是天天在付息。一个工程，即使开始有盈利，一拖几年，也变得无利可图。

四是资质申办与维护难。我所在的智能化公司为申办资质，走过弯路，损失惨重。后来重新申报，从电子与智能化工程专业承包二级开始，还有与之配套的十来个资质，花了几年时间才办成。难就难在要配齐各类专业人员，除了要有一定数额的一级、二级建造师外，还要有注册执业人员、技术职称人员、现场管理人员、技术工人等四类人员，总数50多人。人数不够，允许从外面找，换句话说，基本骨干自备，其他相关人员“挂靠”。挂靠人员按资质论价，是一笔不小的开支，还得每月为其交社保费，企业成本攀升，负担之重苦不堪言。

五是奉行“低价中标”，赚取合理利润难。什么“低价中标”？简直是一个“挑动群众斗群众”的、杀人不见血的软刀子！它不是什么“舶来品”，还是我们合肥市的一大发明呢。

前些年，全国各地都到合肥来参观、取经，合肥市有关领导还津津乐道，向客人介绍一年为市财政节省开支多少个亿。我可以毫不客气地说，这是一个经不起历史检验的办法，隐藏着对人民生命财产的安全隐患。有人抨击‘低价中标’，是“万恶之源”，我看是一针见血！

说到“低价中标”的弊端，一下子引起与会的小微利企业及一些不赚钱的企业老板的共鸣。大家不约而同议论起来，有的说，我拿到的几个项目，都是按控制价的50%取得的，根本不赚钱，现在成了烫手山芋；有的说，低价拿到的项目，不搞偷工减料，不更换劣质产品，我怎么生存！今后质量出问题，造子孙孽，到底是谁的责任呢？还有的说，你推行“低价中标”，逼着我们低于成本把项目抢到手，再动歪点子，不择手段买通官员，想方设法搞增补。大家都这样搞，社会风气怎么好得了？也还有的说，企业辛苦操劳，赚取合理利润，天经地义。你搞“低价中标”，不让我们赚钱，使我们陷入弱势群体，你良心何在?!

我没有让大家讨论下去，讲完“五难”之后，话锋一转，“世上无难事，只要肯登攀，有志青年要知难而进，攻坚克难。”

最后还说：“事物都有两重性，越是困难，越能磨炼人的意志，增长人的才干。我相信，经过若干年努力，眼前的小微企业会有一批脱颖而出，在座的创业者中，会有若干名成为耀眼的明星哩！同志们，加油！”

五

退休办企业，当然要遵循一般经济规律，但又带有非经济因素的特点。像我这把年纪的人，抱着边干边玩的态度，与休闲养生、调整心态相结合，力图走出一条全新的养生之路。

我的心态好，是长期调整的结果。这些年参与办企业，与青年人整天混在一起，与社会、与老百姓密不可分，水乳交融，尽情地吸收社会营养，加速了心态调整，成效显著。

2010年10月，我的母校望江中学老同学聚会，县领导、县教育局领导都参加了，规模很大，很隆重。安排我讲话，退休这么多年了，讲什么呢？我以《心态决定一切》为题，介绍我的养生之道——“三大条与四小条”。

三大条，第一条能吃；第二条能睡；第三条叫“想得开”。这三大条中，能吃能睡是基础；想得开，是精神层面的东西，可自我调控，是关键！

只有想得开，才能活得轻松，活得自在！想得开，是人生的一种境界，是我终身追求的生存状态。怎么能保证时时、事事、处处都想得开，有个好心态呢？我还有个“四小条”。第一、感激生活；第二、善待他人；第三、忘却年龄；第四、吃亏是福。我一直坚持这“三大条与四小条”，现在看来，受益终身！

好心态，阳光明媚，天天快乐；好心态，反作用于身体，有益于健康。我现在除了血压有点偏高外，其他指标基本正常。一二十年来，没有因为生病躺下半天。体内免疫功能很强，偶有不适，不用上医院，一扛就过去了。腿脚筋骨好，弹跳力强，上楼梯常常一步跨两级。医生几次为我检查身体，戏说我年龄有问题。

离开行政单位十几年了，除双休日、节假日外，天天在公司上班，风雨无阻，从不间断。但很少问公司的具体事，大部分时间与书籍、电脑、网络打交道，属于“舞文弄墨”那一套。我还用一部分时间，广泛与人接触、交流，把兴趣放在对社会热点问题的探究、追踪上，在适当场合，亮明观点，提提建议。这样，既充实自己，也有益于社会。

办企业挣钱不易，我没有如当初有的同志预测的那样会发大财，但是，还是在磕磕碰碰中挣得一些收入，比只靠“养老金”过日子的退休干部要活络许多。除给子女一些贴补外，我还数十次到曾经工作过的地方，如宿松、岳西、望江、安庆，把当年的老同事、老朋友、老领导请出来小聚、叙旧；还数次把望江的毛安、金堤乡下那些儿时的玩伴、老农、老基层干部邀请到合肥旅游、观光，谈心叙旧，既快乐他人，也愉悦自己；我还出手大方，无数次和那些与我打交道或给过我帮助的同志“礼尚往来”，小有接济，扩大朋友圈，相互关照，乐此不疲。

假如没有办企业的收入贴补，邀请老友、老同事之类的活动就没有底气，无从谈起。而这些活动以及“天天上班”式的规律生活，手脑不停的劳作习惯，正是构建我全新的退休养生之路的基本内容。

第八章

走正路 做正人

一

退休之后，不管是完全回家休养，或者是像我这样创办小微企业，我们退休的党员干部，还要定期参加党支部组织的活动。

一天，我们国土部门退休干部党支部召开组织生活会，一位刚从阜阳回来的同志带来原市国土局长刘家坤贪腐案开庭审判的消息，他绘声绘色地讲述刘家坤及情妇双双出庭受审的细节，大家惊愕不已，一下子成了生活会的主要话题。不少同志对刘家坤感到很惋惜，从一个“勤廉双优”的干部变成了巨贪之人；也有人对他感到同情，觉得现在的诱惑太多。党支部书记把眼光投向我，要我说说看法。

我说：“目前从政环境是有些问题，诱惑太多，但根本在自己，不是别人打倒你，是自己打倒自己！”

其实为官一方，身边多多少少都会有一些诱惑，我之所以能够身处诱惑之中而能坚守清廉，是因为心中有红线，就是领导干部有职有权时要自己给自己上一道“紧箍咒”。

“我的紧箍咒是：‘金钱不沾，美女不沾’。比如说，有人送钱来、求办事，我的态度很严肃，叫他拿回去，不拿回去就说要在大会上点他的名，几次这样一搞，名声在外，没有人敢送了。钱，一分不沾，要作为铁律！

“对于女色，我警惕性更高。凡是女人，尤其是女青年到我办公室来谈事或反映情况，我有‘三部曲’：第一，将门打开，用椅子顶着，以防刮风将门关上；第二，叫勤务员倒杯茶，嘱他等会再来添水；第三，让秘书坐在一边做记录。我这样做很管用，一是时时事事警醒自己，再就是遇事有见证人在场，堵住人家的嘴巴。

“我那时改革动作大，批评人不讲方式，得罪的人不少，自己深陷矛盾与是非漩涡之中。有人一直向上级举报，告我的状，无论怎么告，在金钱和女人上，始终找不出问题来，‘任凭风浪起，稳坐钓鱼船’，我庆幸自我约束的成功。”我这么一讲，大家连连点头。

退休后的十多年里，腐败现象很严重，金钱的诱惑很多，稍有不慎，就有可能栽跟头，其实，我也曾三次与“犯事”擦肩而过。

第一次，2003 年，省国土厅下属事业单位一位同事辞职“下海”，想到六安搞房地产开发，要我出面帮他拿地，我没有答应。这位同志三番五次找我，我勉强答应陪他去六安走一趟。一到六安，市有关领导出面接待。后来该同志通过拍卖会方式，取得一块四十来亩的土地。此后，我就没有再过问了。哪知那位同志经济实力有限，忙活了两年还没有开工建设，市政府按文件精神打算将地块收回。这位同志除获得市政府退回的土地出让金外，两年的辛劳和开支都将付诸东流。

市国土局出于对他的同情，主张变通处理，让我出面帮他转让，以挽回成本损失。一天，市国土局李局长和顾副局长专程来合肥找我，把那地块转让的事委托我办。既然是市国土局委托，我只好接受。

不久，听说我手上有地块转让，几个开发商来找我，其中有一个姓祝的，将几千万元的银行票据送给我看，说自己有经济能力接手。我便以中间人的身份促成双方的合作，最终以 520 万元总价协议成交，我和这位同事可从中获得 120 万元的好处。

我心里清楚，这是市政府领导及国土局两位局长支持的结果。出于感谢，我们商量，拟从赚取的钱中拿出一半来对三位领导进行酬谢，由那位同事具体操办。

意见拿出之后，我心里很不踏实。当晚就给市政府某领导打电话，征求他的意见。这位领导说："受国土局委托，你出面转让没有问题。不过，这里面水有点深，要多留点心哦！"

听了这番话，我意识到可能有违规违法之嫌，决定退出！

第二天，祝老板来找我签署"转让协议"，我说："你们双方直接商谈好了，从今天起，我不再插手。换句话说，你们的经济往来我不沾边。"他很不理解，说土地证没有拿到手之前，还有好多事，要我帮忙帮到底。我说："有些事还可帮你做，但分文不取，无偿服务。"

就这样，他们双方商谈，直接成交。原计划给三位领导酬劳的情况我也一概不知。不料三四个月后，市国土局的那位顾副局长因经济问题被纪检、监察机关查处。听此消息，我大吃一惊，也在心里暗暗为自己庆幸！

假如当初贪图小利，没有果断退出，按原计划行事，参与送钱酬劳，那是参与行贿呀！回过头来看，我不为那 120 万金钱所诱惑，选择退出，是多么明智！

第二次，2009 年上半年，我的一位姓韩的老乡，原是省计委干部，九十年代"下海"赚了些钱，家缠万贯。他又看中了土地开发这块肥肉，要我一道参与。我不想沾有关土地事项的边，他天天来做我工作，说中纪委曾对领导干部退休办企业的头三年有限制，你的期限早就过了，没有事。要我以我的名义注册一土地开发公司。我答应先下去了解一下情况再说，陪他到阜阳、安庆转了一圈。然而，一接触实际，我感到土地开发不那么简单。

首先是哪里能开发、立项名堂很多，土地部门内部认识不一致，土地部门与地方政府之间认识也不很一致，落实起来很难。

其次，“指标”交易，“买空卖空”，我对国家这项政策的科学性存疑。

犹豫几个月后，我还是选择退出！新注册的土地开发公司，在我手上没有开展一宗业务。那位老乡以后跟谁合作搞土地开发，怎么个搞法？我都一概不知。直到2013年4月，有消息传来，说他被检察机关带走调查，是省国土厅长贪腐案牵扯进去的，问题还不小。好在我与他中断联系多年，否则，这次我怎么也脱不了干系。我与“犯事”，又一次擦肩而过。

第三次，是原省土地管理局地籍处的一位刘姓下属，觉得自己提拔无望，就注册一公司，选择走挣钱的路子。他瞄准土地开发、增减挂钩的“指标”交易，说是暴利行业，要我协助他做些事。

马克思说过，“如果有100%的利润，资本家们会铤而走险；如果有200%的利润，资本家们会藐视法律；如果有300%的利润，那么资本家们便会践踏世间的一切！”眼下的土地开发，成本每亩约3000块钱，多的也不超过5000块钱，而变成“指标”交易出去是多少呢？每亩3万、4万，甚至5万，那利润是900%至1000%呀！真的被马克思所言中，那位刘姓下属，在超暴利面前，变得疯狂起来，对相关官员，疯狂地收买，疯狂地金钱输送。他虽然行事隐秘，但我还是窥测到其中的端倪，料定迟早要出事，于是，我再一次毅然选择退出！

同他交往几个月，除有时参加吃喝外，没有任何金钱往来。多年以后，即2015年8月，那位刘姓下属被检察机关以“单位行贿罪”逮捕，判处有期徒刑十七年。与之牵连受贿的干部不下十人，都被抓了。知道这些后，我又一次庆幸自己！

三次退出，三次与“犯事”擦肩而过。说明把握自己、抵御诱惑、防止腐败上，我确实有点定力。这不只是嘴上说说，要体现在时时、事事、处处，要让“达摩克利斯之剑”时刻高悬头顶！

二

领导干部要守住底线，防止腐败固然重要，但是作为党培养起来的干部应当对腐败现象敢于斗争，过去我在改革的时候对腐败的现象绝不手软，退休之后，也不忘参与反腐斗争。退休后参与反腐，确有很多不便之处，但重在参与，如有条件，就要坚决斗争。

2014 年，合肥智能交通二期工程（简称“二期”）招标，有人挖空心思控标，与体制内握有实权的官员相勾结，导演了一场轰动全城的违法串标、围标事件，渗透其中的环环腐败，令人触目惊心。

“二期”是一项预算额为 5200 多万元、令人瞩目的建设工程。全国有实力的专业公司蜂拥而至，都想分得一杯羹，哪知看到合肥市政府采购中心正式发布的《招标公告》，发现该公告与标前公示内容大不一样，分明是为某特定的电子警察厂家和某特定的系统集成商“量身定制”的，一下子都望而却步，于是纷纷提出书面质疑。

招标方也做了答疑，但只做了些微改动，依旧保留较多的排他性条款。如此胆大妄为，贪婪无忌，理所当然地激起民愤，遭多人举报。

我掌握了些情况，是参与举报，还是袖手旁观？且也有朋友相劝：退休了，多一事不如少一事。一连几天，我都处在犹豫不决之中。但最终还是正气使然，党性原则和使命感占了上风！我决定站出来参战，很快，我便向市纪检委发出了举报信。

“二期”招标，表面上看依法依规，但一细看，暗箱操作，疑点多多。我了解到，暗中操作的是一个叫程宏的青年，原是合肥合和信息科技公司的总经理，一年前就瞄上了“二期”。

他首先与上海电科公司频繁接触，标榜自己有官方背景，只要有上海电科牌子和名气，就能搞定，事成后利润对半分成。再与中海科技、成都曙光两家联手，用他们的资质进行围标。同时，与电子警察产品供应商浙江大华合作。

程宏明白，仅有这些还不够，必须从体制内找靠山，内外勾结，形成利益共同体。

这个利益共同体中起关键作用的就是合肥市交警支队科研所所长赵晓东！赵晓东在智能交通领域手握大权，曾经成功运作几个项目，尝到了甜头，练壮了胆子，对“二期”，一直在寻找合适的代理人。经与程宏几次接触后，两人一拍即合，从春节开始就在谋划、运作。赵晓东还找到市政府招标中心的两名骨干，要其密切配合，承诺事成后利益均沾。这样，“二期”有了更多人的配合，进行得顺风顺水。

有赵晓东的幕后指挥，加上政府招标中心两名骨干的精心操作，程宏的上海电科以4797万元报价一举中标！

当年头几个月，合肥开标五个智能交通项目，招标价与预算额比为50.3%，这次的比价高出41.9个百分点，按此比例推算，程宏等人这次多赚取国家资金2178万元！

多行不义必自毙，“二期”招标，遭包括我们公司在内的多家公司举报，引起了纪检、监察及公安部门高度重视，很快就有了结果。我们高兴地看到，违法者被绳之以法。程宏于2016年春节前被拘留审查；上海电科、中海科技、成都曙光涉案者被法院认定为“串通投标罪”；上海电科施工几个月后被叫停，正是“偷鸡不成，反蚀掉一把米”。

接着，合肥市交警支队包括赵晓东在内的多名官员落马；合肥市政府采购中心多人被判刑。他们所犯罪行中有多少涉及“二期”？或者说，在“二期”中所犯罪行在整个犯罪中占有多大比重？我想，在他们的犯罪案卷里，一定有着清晰的记录。

通过这个案例，更坚定了我的一个信念，作为一个老党员、退休干部，对人对事多包容，但遇到引起民愤的腐败问题，决不回避，决不退缩，在掌握了客观证据的前提下，要勇于向纪检、监察机关反映或举报，为维护社会和政治生态的纯洁性，尽到自己的一份责任。

三

回望自己走过的每一段为官历程，包括在岳西县极力推行改革以及在土地管理的位置上平安着陆，我自当问心无愧。但是自己在为人处世上不够圆润，有时批评人不讲方式方法，难免会伤害一些同事的感情，例如我在岳西任县委书记时，在几次大会上不点名地批评了县纪委的领导，可能伤害了纪委书记王培深的感情。

我在岳西任职后期，县纪委书记王培深就开始调查我出国经费来源和开支情况。

出国经费出自花岗岩板材厂，是刘思魁市长同江启新县长两人商定的。考虑到县财政有些困难，加上我又是以“花岗岩板材厂副董事长”名义出访，刘市长提议从板材厂出，由江县长经办，我始终没有过问。这次出访是国家科委组织的，按要求，从板材厂打4万元到国家科委账户。出访结束，说是只花去3.4万元，剩余6千元，国家科委直接退回花岗岩板材厂。

至于开支，我买了一套雅戈尔西服，1300元，自掏腰包500元，从政府报销服装费800元，按国家文件规定的，一分不超；我还买了个密码箱220元，用过后，交给了县委办行政科，科长范建平可以作证。

王培深确实有些不近情理的地方，但是，他履行监督职能没有错。我能有今天的平安着陆，要感谢他的监督！在岳西那些年，我在事业上大胆试，大胆闯，但在遵纪守法上，如履薄冰，王培深的作用，不可小觑。

人总喜欢听表扬的话，听恭维的话，但也要经得起别人的批评，更不要拒绝监督。人生路上，总有高潮和低谷，但任何时候，都要站得高、看得远，精神不垮，脚步不停。

后来，我调到市里、调到省直单位的十多年里，王培深一直以“党风监督员”的身份，实名举报。他当纪委书记时举报，后来他当县人大副主任了还在举报，就是退休多年还没有歇手，继续向市里、省里，乃至向中央举报，直到2002年6月才正式罢手。我是怎么知道他罢手的呢？

那是2002年6月的一天，也是我退休两个月的时候，突然接到岳西县检察院的电话，说王英胜副检察长一行，专程来合肥请我的客，弄得我一头雾水。

王英胜是谁呢？他正是原县纪委书记王培深的儿子。我在县里时还是毛头小子，县检察院的一般干部，不很熟悉。我离开以后，他慢慢成长起来，担任了岳西县检察院副检察长，兼反贪局长。

王副检察长到合肥后，在梅山路的饭店订了个大包厢，盛情邀请我赴宴。我带了两个朋友一道参加。大家坐定后，斟上酒，王副检察长郑重其事地说："老书记呀，我这次专程来，代我父亲向你赔礼道歉！现在，我领大家共同举杯敬酒，干杯！"突如其来的举动，弄得我措手不及，连说："谢谢！谢谢！"

交谈中我才得知，王英胜副检察长主动请缨，经当时的县委书记吴良仁批准，带领一个专案组直奔福建莆田市，在林金耀厂长的光学机电总厂进驻多日，还自带摄像机，全程摄像。经查，林金耀厂长与岳西合办板材厂过程中，提供设备及财务方面存在一些问题，但与王某某没有一分钱的往来与瓜葛！英胜回家后第一件事，就是找到父亲，将全程录像放给他看，边放边讲解，并问父亲，还有什么疑问？父亲无语。英胜说："这些年你把攻击的对象搞错了，像这样的书记……"。王培深有点不好意思，说："今后不搞就是了。"

王培深连续十几年寄举报信，估计有几稻箩，贴下的邮票成本恐怕不少，连自己亲生儿子也看不下去了，要设法挡住，做个了断。

英胜这次来合肥当众述说自己父亲的不是，我从内心里佩服他的坦率与真诚。宴席结束，英胜副检察长一行急着要赶回去，我同他们一一握手告别，对他们此行，一再表示感谢。临别时，英胜还再次说道："这个事啊，就此画上句号。"

现在的青年干部有知识、有文化，政策水平、法治水平较高。这让我这个老年人为之欣慰。在改革中我没有犯错误，首先得益于心中始终装着人民，深知人民生活不易；其次就得益于县纪委王培深对我的监督，那时正处于改革的转型期，有些部门领导观念陈旧，对我所主张的改革不认同，再加上我说话不当无形中伤害了他们的感情，以至于他们从不认同岳西改革上升至对我个人的偏见，但对我的监督也是他们的职责所在。正是有了这些制约，我才得以看清自己走过的每一段路，对党和人民，都问心无愧。

我们党走过九十几年的历程，实属不易。我是“文革”前的1965年上大学时入党的，见证了我们党走过一些弯路，现在也还有很多不如人意的地方。但是，党和政府“为人民服务”的宗旨和实事求是的本色没有丢，不因为某些人连连举报和不择手段，就轻易抓捕，冤枉好人。那种捕风捉影、无限上纲的时代已经过去，一个成熟的党，巍然屹立在世界的东方！

四

回首过去，我在改革创新的路上取得了一定的成绩，也与我的儿时经历、家庭影响以及社会的教育有关。我能在有职有权的时候经得住考验，也与我家庭对我的理解和支持分不开。

我出生在望江县毛安沿湖村，在烟波浩渺的武昌湖北岸，从小习水性，在捞鱼摸虾、放牛拾柴中度过童年与少年。我家兄弟姊妹七个，男性五个，我是老五，排行最小。二哥王道美，1929年出生，刚解放时，迈入成年，成为农村基层党的积极分子。他先当民兵分队长，后当大队会计，晚年当大队（行政村）党支部副书记。他有一定的文化，精明能干，肯动脑子，处世大气，在王氏家族中自然成为掌舵人。他对家族中的每个成员悉心关照，对我尤为呵护，恩重如山。

1962 年春夏之交，发生的一件事，令我终生难忘。

当时，我在读高中二年级下学期，正是国家“三年困难时期”，我家也和周边群众一样，穷得叮当响，拖欠学校学杂费和生活费一共五十块钱，一时交不起。班主任找我谈话，让我理解学校难处，“回家里商量商量想想办法吧。”于是，我和多名同学一起，被列入宣布除名的名单中。

我怀着恋恋不舍的心情，告别了虽然有时肚子吃不饱，但还算充实、愉快的学校生活，准备回乡当农民。

当我挑着木箱和被褥回家时，一家人都惊愕了。我的母亲早年过世，父亲已到暮年，靠兄嫂们赡养。二哥是家中的顶梁柱，我何去何从，他的倾向与态度举足轻重。吃晚饭的时候，二哥把兄嫂们召在一起商量我的事，最后，他斩钉截铁地说：“家里这么多人吃饭，经济状况是不怎么样，但‘砸锅卖铁’也要让道成复学！”

第二天早上，二哥领着四哥，把家里仅剩的五石（dàn）油菜籽运往公社粮站，五石（500 斤）共卖了 75 块钱。二哥把这 75 元全部交到我手里，叮嘱我赶紧回校。我激动得不知所措。别小看这 75 块钱，就是它使我得以复学，以至于有继续深造的机会，从而改变了我的人生！

记得当选副市长之后，我趁着到任前的空闲时间怀着感恩之心回家看望二哥，买点什么给他吃呢？他历来喜欢吃荤，吃肥肉，现在不能吃。我托同学在北京买了五只“全聚德”烤鸭，以最快的速度托运过来。到家后，一家人喜出望外。二哥虽然生了病，听说我当了副市长，格外高兴。四邻八里的亲友都来了，热闹非凡。在纷乱嘈杂的氛围中，我被一种可亲可爱的感情包围着，整个身心都沉浸在游子归乡的沉醉兴奋之中。乡亲们从各自角度，对我评头论足，有一点是共同的，就是对我“忠厚做人、认真做事”表示认可，称赞我继承并发扬了王氏家族诚实、耿直的传统。趁大家谈兴正浓，我见缝插针，和家人谈谈心，也给家人上上课。我说：“这些年，我在外地工作，照应不了你们，你们从不见怪，也从不给我添麻烦，我发自内心地感谢你们！”

接着，我说：“我这次到市政府工作，你们不要以为我大权在握，办事方便，什么事都来找我，更重要的一点是，不要打着我的旗号，干违法、违纪的事。我相信你们能做得到，对吧？”亲友们见我说得认真，一脸严肃，都感受到了其中的分量，一个个连连表态：“不会的。不会拿党纪、国法开玩笑，连累你！”我对亲友们遵纪守法、凭自己的双手勤劳致富，发自内心佩服，充满感激之情。王氏家族，家教严、家风正，影响了多少代人，我也从中受益匪浅。

我的儿时，正值国家刚刚解放，胜利后的农村党员、基层干部朝气蓬勃，干事认真，但常常颐指气使，尾巴翘得老高，他们的口头禅是“我一不贪污，二不腐化，还怕什么？”这话听得多了，在我幼小的心灵里扎了根，对贪恋金钱，对乱搞男女关系产生一种莫名的恐惧。我暗暗下定决心，长大后如果能当干部，一定要与金钱、美色保持距离，保持警惕。

走上工作岗位以后，接受党风廉政教育机会多，这方面的认识更得到升华。“人过留名，雁过留声”，我把维护自己清廉名声，看得比自己生命还重要；我还坚信“若要人不知，除非己莫为”，时时用它来约束自己，不给侥幸心理留下一点空间。

我还暗暗向那些行为谨慎、廉洁奉公的同事、朋友看齐，遇事向他们讨教。我的一位胡姓朋友，临危受命，调到几任领导都出事的阜阳市任职，自己一尘不染，很快便打开了局面，最后得到提拔重用。我很欣赏他的一段精辟警语：“给你送钱，就是送传票；送女人，就是送砒霜。”

我还要特别感谢我的妻子马金花，遇事配合，为我筑牢拒腐防线。她出身农家，中专文化，精明干练，正派做人。她父亲一个大字都不识，当搬运工，凭苦力谋生，为人朴实、耿直，行善积德。其言传身教，对女儿做人做事的影响极深。

我妻子思想开朗，文体基本功好，成为公社业余宣传队骨干，参加业余歌舞团队，出席安徽省业余文艺调演，到省内淮南等地慰问演出，还上过安徽电视台。

当时，她所在的宿松县把她作为重点培养对象，但她只乐于当一般干部。同我结婚后，她一心担负起相夫教子的责任。难能可贵的是，她不恋权，不贪小便宜，还常常在我耳边吹风：“非分之财，莫想！”

一次，一位女中学教师为评职称找到我家，我不在，我妻子接待她，这位女中学教师丢下一封信和一扎钞票。我妻子一见钞票就像触电了一样，立刻跳了起来，把钱退还，并狠狠地教训了她一顿。为此，两人发生争吵，那教师气鼓鼓地说：“别人家收钱，就你家不收。”还有一次，时近年关，某县委办公室一名干部为自己升迁一事来找我，要我给县有关领导打招呼，被我婉拒了。他丢下一扎钞票就跑，我和我妻子出门去追，追赶不上。我妻子主动担责，去邮电局把钱寄还给他，虽倒贴了点邮费，但换来个心里踏实。我暗自庆幸，领导干部能有这样的妻子把关，真是一种福分。

我无论在一个县主持全面工作，还是在市政府、省直担任副职，始终对金钱、美色保持清醒的头脑，与之拉开距离，确保自己在任何情况下，不迷茫、不出事。

五

领导干部如何公正处理好与亲属、子女及身边工作人员关系，历来是一大难题，也是纪检、监察机关经常敲警钟的一个重点领域，更是老百姓衡量公职人员正派不正派、党风纯正不纯正的一个标尺。我本人在处理与亲属及身边工作人员的关系上，还算顺畅，但在处理自己儿子的事情上，算是伤透了脑筋。

我有一对好儿女。女儿大学毕业后结婚，与女婿一道到美国求学、打拼，过着平稳的日子，我没有为她的事费一点心。

我的儿子王马晋，出生于 1975 年下半年，头脑聪明，性情温和，处事谨慎。九十年代后期大学毕业，在北京工作了两年。他母亲惜爱他在外闯荡辛苦，硬是要他回到我们身边，通过关系，进了我下属的合肥市土地管理局。先在局信息中心，后到局土地矿产交易办，当办事员。我除有时叮嘱他“兢兢业业，做好本职工作”外，对他的事很少过问。

事情总不是想象的那么风平浪静，他埋头工作 8 年、10 年以后，身边的青年有的被提拔起来了，他还在办事员位置上原地不动，心理失衡。回到家里，总是闷闷不乐，埋怨社会不公。面对此情此景，我无能为力，便找儿子谈心、开导。劝他："平静对待，把本职工作做好，问心无愧也就得了。"

时光荏苒，转眼又过去数年。儿子还在原地不动，情绪波动，时有牢骚。我试探问他："我那智能化公司还在办，保留有一定股份，你愿不愿去接手？"他明确表示不愿意去，我从此就打消了这个念头。

随着儿子长期不被重用，我的家庭关系也发生细微变化。我妻子埋怨我在职时"有权不用，过期作废"；退休后又不愿花钱"走门子"。这样，有时一回家，少不了几句争论。

我的观点很鲜明，儿女的事，父母刻意关心，是人之常情，但要有界限。涉及个人升迁方面的事，主要靠自己努力、争取，由组织决定。与毕业后就业、找工作的性质不尽相同。其实，对此，我思想也时有起伏，但始终不逾越底线！

我的这个底线是怎么筑牢的呢？要从个人经历说起。

我上大学时，"文革"风暴在全国兴起。那时"打倒一切""造反夺权"，已为后来党中央的《决议》所否定，也为历史所摒弃。不过，"文革"给我的教育也有几分，如铺天盖地的大字报狠批一些当官的搞裙带关系、"一人得道，鸡犬升天"，令我心灵震撼。那群众深恶痛绝、愤怒声讨的场景，几十年过去了，还记忆犹新。我一直把这个视为封建陋习，当作不敢触碰的底线。

我曾两次借故到市国土局去，同大家寒暄寒暄，询问马晋表现怎么样？得到的回答是：“不错，老实！”几个场合、不同领导的口径一致，说明已成共识。

老实？是指他一次次拒绝开发商宴请、一次次拒绝上歌舞厅，有人视他为“不合群”吗？是指某些交办的事办得不爽，甚至磨磨蹭蹭吗？合肥市曾有一任领导特别强势，只讲快速发展，有时置土地法律、法规于不顾，我儿子作为经办人就为难了。例如，一片土地上老百姓房子还在居住，领导就安排办理征地手续，我儿子就胆战心惊，回家向我诉苦。我向他讲三条：第一，领导交办的事，照办；第二，与法律、法规有冲突的，你善意提出。没有采纳，不要紧，但要把领导批示、指示文件或复印件保留好；第三，涉事的送钱、送礼，分文不收。从这以后，我观察他，情绪好多了，与领导关系也顺畅了。

到了 2015 年下半年，儿子工作 16 年了，组织上还没有响动。我便与家人商量，从现在起，我们家里要调整思路，引导儿子不要在意职务升迁，而在意如何使自己生活得有意义；在意如何在平凡岗位上发掘自己的长处或优势，快快乐乐生活。我的“心态论”此时派上了用场。

接着，我又陪儿子到美国探亲，让他在异国他乡开眼界、见世面。他姐姐和他妈又用自身阅历和身边正反两方面实例开导他。他姐姐说“吃亏是福”，他妈说“知足常乐”！

儿子现在变了，变得成熟多了，看问题也站得高、看得远了，他同我们交流也多了起来，他对我说：“看人不能只看他光鲜的一面，要看他综合得分，综合得分高，那才是我们所追求的！”他有此认识，令我高兴，与三年前比，判若两人。

我的经济状况还好，节假日常带他的小家庭出去旅游，还主动承担培养后代的部分费用。他姐姐对他说："现在不要再埋怨爸爸了，爸爸一直在默默地对你进行补偿哩。"我没有这么说过，她们要怎么理解就怎么理解吧。

在处理儿子的事情上，我没有被人指背，没有给党风、党纪脸上抹黑，也就足矣！此外，这么多年来，我的家人以及父老乡亲们从不为难于我，不要求我利用手中的权力为他们谋利，感谢他们这么多年来对我的支持和理解。

作者全家于 1992 年 5 月合影

尾　声

正当这部书稿即将脱稿之际，2018 年春节临近，年味渐浓。

各级政府忙于年终总结，对一年来的新作为、新成就一件件回顾。

2 月 7 日上午，安徽省委、省政府把我们这些退下来的老同志召集起来，在安徽大剧院举行经济形势报告会。

省委常委、常务副省长邓向阳主讲，向我们绘声绘色地细数我们省在党的十八大以来，尤其是近一年来创新驱动发展的新变化。你看，全球首颗量子通信卫星“墨子号”、全球首台量子计算机由在合肥的中科大主导研制成功；全球最薄触控玻璃在合肥实现量产，液晶显示全球最高世代线建成投产；科大讯飞智能语音入列国家人工智能四大开放创新平台，创新引领型发展在江淮大地呈现蓬勃生机。我们越听越兴奋，越听越觉得赶上了好时代。

接着，邓副省长介绍起全省脱贫攻坚战的盛况，一下子拉近了与我这个老山里人的距离。我一边听，一边用笔在文本上写写画画。当听到宣布岳西县在全省率先摘掉贫困县帽子时，我为之一振，欣喜若狂！

34年，多么悠长的年月！像是隔世，又宛如昨天。那时，正是改革开放的初期，国家就开始重视老少边穷地区的脱贫改貌。我当时已到岳西，面对山区的凄凉景象，一面高举林业改革大旗，开始破冰之旅，释放山区内生动力；一面斗胆“叫穷”，跑省、跑地区，奔走呼号，同时，给中央写信，与“形势大好，不是小好”的思维定势公开叫板，一下子引起了中央和省的高层重视。1985年，国家划定贫困县时，安徽划定十七个，岳西被列为全省第一贫困县，成为后来历任省委书记的扶贫联系点。

今天，省领导宣布岳西脱贫，如一声春雷，响彻云霄。当年划定国家级贫困县时，岳西是全省第一贫困县；十八大后的党中央主打脱贫攻坚战中，岳西在全省第一个脱贫！

这种巨大反差式进步，原因是多方面的，有中央、省、市高度重视扶贫，大环境好；岳西历任领导，尤其是十八大以来的领导精准发力等共性原因，但还有两条个性原因，是其他山区县无可比拟的：一是“先”，因是历任省委书记的扶贫联系点，能享受到国家优惠政策帮扶之先；二是“早”，岳西1984年就林权到户，划定“自营山”，比全省别的山区县早二十四年享受到改革红利。这一先、一早，都有我的参与，怎不叫我备感欣慰?!

走出会场，我心潮澎湃，急于给岳西那些经常与我保持联系的同仁打电话，报喜讯、忆往昔、谈感受。我还与同仁们共建一个微信群，互发红包、抢红包，祝愿新年有个好彩头。也祝愿岳西人民继续发扬诚实、苦干的老传统，在未来全面奔小康的攻坚战中，再上新征程！

作者在电脑前撰写书稿